Rüdiger Bertram

DER PFAD

Die Geschichte einer Flucht in die Freiheit

DER AUTOR

Rüdiger Bertram wurde 1967 in Ratingen geboren und arbeitete nach seinem Studium (Geschichte, Volkswirtschaft und Germanistik) zunächst als freier Journalist. Heute schreibt er Drehbücher und hat zahlreiche erfolgreiche Bücher für Kinder veröffentlicht. Mit seiner Frau und seinen beiden Kindern lebt er in Köln.

RÜDIGER BERTRAM

DER PFAD

Die Geschichte einer Flucht in die Freiheit

Mit Bildergeschichte von
Heribert Schulmeyer

cbt

Unterrichtsmaterialien zu diesem Buch sind erhältlich unter:
www.schullektuere.de

6. Auflage
Erstmals als cbt Taschenbuch März 2019

Neumarkter Straße 28, D-81673 München
produktsicherheit@penguinrandomhouse.de

Comic: Heribert Schulmeyer
Einbandgestaltung: Geviert Grafik & Typografie
unter Verwendung von Fotos von
© Shutterstock (rudall 30); © Gettyimages (cryingjune);
© Trevillion (Mark Owen)
aw · Herstellung: LW
Satz: KCFG – Medienagentur, Neuss
Druck: GGP Media GmbH, Pößneck
ISBN 978-3-570-31277-3
Printed in Germany

www.cbj-verlag.de

Das Buch entstand mit Unterstützung eines
Arbeitsstipendiums des Landes NRW

Nach Hitlers Machtergreifung 1933 erklärten die Nazis viele Autoren zu Volksfeinden. Dabei waren sie keine Feinde des Volkes, sondern nur der Nazis selbst.
Ihre Bücher wurden verbrannt und viele flohen ins Ausland.
Die meisten dieser Frauen und Männer gingen nach Paris, wo sie die Entwicklung in ihrer Heimat abwarteten.
1940 überfiel Hitlers Wehrmacht Frankreich. Die deutschen Flüchtlinge galten plötzlich als Feinde und wurden in Lager gesperrt.
Als die Wehrmacht Paris besetzte, wurden die Lager aufgelöst, und die Gefangenen flohen weiter Richtung Mittelmeer.

Kurz darauf teilte ein Waffenstillstand Frankreich in zwei Zonen. Eine von den Deutschen besetzte im Norden und eine unbesetzte im Süden.
PARIS
VICHY
PYRENÄEN
MARSEILLE
Offiziell hatten die Nazis im Süden nichts zu sagen. Inoffiziell war Hitlers Geheimpolizei auch dort präsent.
MES
Die Flüchtlinge trafen sich in den Cafés am Hafen von Marseille. Sie warteten auf die Papiere, die sie für ihre Ausreise in die USA oder nach Südamerika benötigten.
Es waren Tausende, die dort strandeten. Rolf und sein Vater waren zwei von ihnen.

Marseille 1941

Das Beste an Marseille war das Meer, dachte Rolf. Das hatte es in Paris nicht gegeben und das war auf jeden Fall schon mal eine kapitale Verbesserung. Paris hatte mit der Seine nur einen stinkenden Fluss zu bieten gehabt und nicht für eine Million hätte Rolf seinen kleinen Zeh dort hineingetaucht. Früher war er mit seinen Eltern in Berlin oft an den Wannsee gefahren. Damals war ihm das Gewässer am Rande der Stadt riesig vorgekommen. Nachdem er in Marseille das Mittelmeer gesehen hatte, erschien es ihm winzig.

Von ihrem Hotel liefen Rolf und sein Vater Ludwig eine Viertelstunde immer bergab bis zum Hafen und dann noch einmal dieselbe Strecke, um zu dem kleinen Sandstrand zu gelangen, den die Franzosen »Anse des Catalans« nannten. Links wurde der Strand von einem uralten Befestigungsturm begrenzt und im Meer direkt vor ihnen befand sich ein schmaler, aufgeschütteter Damm aus Steinen. Rolf hatte einmal versucht, bis dort hinaus zu schwimmen. Aber schon nach der Hälfte hatte er aufgegeben, weil es viel weiter war, als er gedacht hatte.

Um von der Straße zum Strand zu gelangen, mussten er und sein Vater ein paar ausgetretene Steinstufen hinuntersteigen. Neben der Treppe standen bunt gestrichene Umkleidekabinen, in denen sie ihre Badesachen anzogen. Adi, Rolfs weißer Foxterrier, wartete ungeduldig vor der Tür darauf, dass sein Herrchen endlich wieder ins Freie trat.

Ein paar ältere Damen saßen in ihren Liegestühlen und schauten plaudernd aufs Meer hinaus. Im Wasser konnte Rolf keine Schwimmer entdecken und genauso war es ihm am liebsten. Er und sein Vater hatten das Mittelmeer ganz für sich alleine.

Rolf und Ludwig breiteten ihre Handtücher auf dem Sand aus und rannten ins Meer. Adi sprang hinter ihnen her, stoppte aber genau an der Wasserlinie. Vater und Sohn liefen weiter den Wellen entgegen. Es war Frühling, die Luft war warm und auch das Wasser nur in den ersten Sekunden frostig kühl.

»Komm schon, Paps! Wenn man sich erst mal getraut hat, ist es gar nicht mehr so schlimm.« Rolf stand bereits bis zur Brust im Meer, während seinem Vater das Wasser gerade bis zu den Knien reichte.

»Das ist glatt gelogen!« Ludwig schlang sich fröstelnd die Arme um seinen dicken Bauch. »Würde mich gar nicht wundern, wenn hier gleich ein Eisberg vorbeigeschwommen kommt.«

»Und ich dachte immer, Fett wärmt«, rief Rolf und grinste.

»Na, warte! Wenn ich dich kriege!« Ludwig tat ein paar Schritte auf seinen Sohn zu, hielt aber erneut inne, als das Wasser seine Oberschenkel erreichte.

»Pass auf, ich helfe dir!« Rolf schlug mit der flachen Hand in eine der anrollenden Wellen. Das Wasser spritzte bis zu seinem Vater, der aufschrie. Dann rannte er lachend auf Rolf zu. Adi lief kläffend am Strand auf und ab, während die beiden miteinander rangen. Plötzlich entzog sich Rolf dem Griff seines Vaters und verschwand unter der nächsten Welle.

Ludwig sah sich suchend um, konnte seinen Sohn aber nirgendwo entdecken. Besorgt drehte er sich im Kreis und rief: »Wo bist du? Das ist nicht mehr lustig!«

Rolf tauchte in einem weiten Bogen um seinen Vater herum und sprang ihm von hinten auf den Rücken. Ludwig versuchte, sich zu befreien, aber es gelang ihm nicht, seinen Sohn abzuschütteln. Rolf hatte seine Arme fest um den Hals seines Vaters geschlungen und ließ erst los, als Ludwig den Halt unter den Füßen verlor und sie kreischend im Wasser versanken.

Rolf liebte es, mit seinem Vater ausgelassen im Meer herumzutoben. In Europa herrschte Krieg. Täglich starben Menschen und noch viel mehr waren auf der Flucht. In diesem Augenblick aber, hier im Meer, konnte er das alles für einen Moment vergessen.

Als sich die beiden erschöpft zurück an den Strand schleppten, waren die alten Damen mit ihren Liegestühlen verschwunden. Nur Adi erwartete sie schon sehnsüchtig und sprang aufgeregt an seinem Herrchen hoch, während Rolf und Ludwig sich mit einem der Handtücher abtrockneten. Dann wechselten Vater und Sohn in den Umkleidekabinen ihre Badesachen und liefen mit noch feuchten Haaren zurück zum Alten Hafen.

Ludwig sprach Französisch, und auch Rolf hatte in Paris genug aufgeschnappt, um sich in der fremden Sprache verständigen zu können. Was er nicht konnte, war Englisch. Aber das würde er brauchen, wenn sie schon bald mit dem Schiff von Lissabon nach New York reisten. Sein Vater nutzte ihre Spaziergänge, um Rolf die paar Brocken beizubringen, die er selbst mehr schlecht als recht beherrschte.

»Sprich mir nach«, forderte Ludwig seinen Sohn auf. »Gud murning.«

»Good morning«, murmelte Rolf gelangweilt. »Das hatten wir doch alles schon.«

»Wir wiederholen ja auch nur. Sag Tank ju.«

»Wofür soll ich dir denn Danke sagen? Dafür, dass ich bei dem schönen Wetter lernen muss?«

»Sehr komisch«, erwiderte Ludwig. »Mach schon, sprich mir nach. Du willst dich doch mit Mama unterhalten können, wenn wir sie wiedersehen.«

»Glaubst du, sie versteht kein Deutsch mehr?«, fragte Rolf besorgt.

»Natürlich versteht sie dich noch«, beruhigte ihn Ludwig. »Aber wenn wir alle zusammen in Amerika sind, sollten wir auch die Sprache sprechen.«

»Mama konnte auch kein Englisch, als sie gefahren ist.«

»Sie ist Tänzerin, da ist das nicht ganz so wichtig. Bei mir ist das etwas ganz anderes. Ich bin Journalist, ich schreibe, und wenn ich das auf Deutsch mache, wird das in Amerika keiner lesen können. Und du solltest das auch lernen. Du willst da drüben doch Freunde finden, oder?«

»Meinst du, Mama geht es gut?«

»Klar, geht es ihr gut. Was glaubst du denn?«

»Warum schreibt sie dann nicht?«

»Dass keine Briefe von ihr hier ankommen, heißt nicht, dass sie keine schreibt.« Ludwig legte seinem Sohn einen Arm um die Schulter. »Du kennst doch die Lage.«

Rolf nickte. Natürlich kannte er die Lage.

»Und was machen wir jetzt, Paps?«, fragte Rolf, als sie den Hafen erreicht hatten.

»Was wir immer machen«, antwortete Ludwig. »Wir gehen ins Café.«

»Und dann redet ihr und redet und redet. Das ist so kapital langweilig. Krieg ich wenigstens ein Croissant?«, fragte Rolf.

»Wenn es im Café welche gibt und sie nicht so teuer sind«, antwortete Ludwig, der unauffällig die Münzen in seiner Jackentasche zählte. »Gestern gab es keine.«

»Und vorgestern auch nicht«, bemerkte Rolf. »Und davor auch nicht.«

Rolf überlegte, wann er im Café das letzte Mal ein Croissant nicht nur bestellt, sondern auch bekommen hatte. Er war so in Gedanken versunken, dass er den Mann nicht bemerkte, der ihnen auf der Hafenstraße entgegenkam. Er trug einen grauen Anzug, der schon reichlich abgetragen wirkte. Die meisten der Frauen und Männer, die hier in Marseille in den Cafés rund um den Hafen saßen, hatten ihre Hemden, Jacken und Hosen noch in Berlin oder Paris gekauft. Bei dem dunkelblauen Anzug seines Vaters war es genauso und das sah man der Hose und dem Jackett auch an.

»Ludwig?! Bist du das?!« Der Fremde war vor Rolfs Vater stehen geblieben.

»Hans? Hans!«, rief Ludwig und umarmte den Mann lachend, dann wandte er sich an Rolf. »Das ist Hans. Ein Kollege aus Berlin. Wir haben für dieselben Zeitungen geschrieben.«

»Dein Sohn?«, fragte Hans und zeigte dabei auf Rolf. »Als ich ihn das letzte Mal in Berlin gesehen habe, konnte er noch gar nicht laufen. Da war der so!«

Hans hielt seine Hand einen knappen Meter über den Boden. Rolf lächelte gequält, weil es nicht stimmte. Er war sieben gewesen, als sie vor fünf Jahren aus Deutschland geflohen waren, und natürlich hatte er da schon laufen können.

Rolf schaute den Fischern zu, die ihren Fang aus den Booten luden. Es war nicht das erste Mal, dass sein Vater auf ihrer Flucht alte Bekannte traf, und es würde auch nicht das letzte Mal sein. So viele Wege von Europa nach Amerika gab es nicht. Da war es nur logisch, dass man sich unterwegs begegnete. Zumindest – und auch das wusste Rolf – galt das für diejenigen, die es noch rechtzeitig aus Deutschland herausgeschafft hatten.

Die Männer umarmten sich ein zweites Mal, dann sahen sie sich lange an.

»Ich befürchtete schon, du wärst ...« Ludwig beendete seinen Satz nicht.

»Ach was, Unkraut vergeht nicht. Ich bin gestern hier angekommen«, erwiderte Hans. »Und was machst du hier?«

»Urlaub!« Ludwig lachte, als er Hans' verdutztes Gesicht sah. »Quatsch, ich mach das, was alle machen. Ich versuche, die nötigen Papiere zusammenzukriegen, um mit Rolf nach Amerika zu kommen.«

»Ist es gefährlich hier in Marseille?«

»Nicht mehr als anderswo, allerdings tauchen in letzter Zeit immer mehr braune Katzen auf.« Rolfs Vater deutete mit seinem Kinn auf einen schwarzen Wagen, der die Hafenstraße entlangrollte. Auf dem Rücksitz saß ein Mann in einer deutschen Uniform. Das Auto fuhr so dicht an ihnen vorbei, dass Ludwig und Hans die Hakenkreuze an der Jacke erkennen konnten. Schnell drehten sich die beiden weg, damit der Mann im Wagen ihre Gesichter nicht sehen konnte.

»Echt? Wo sind Katzen?«, fragte Rolf neugierig

Ludwig strubbelte seinem Sohn beruhigend durch die Haare und wechselte gleichzeitig einen besorgten Blick mit Hans.

»Hast du die am Hafen nicht gesehen? Die sitzen doch immer bei den Fischerbooten und hoffen auf ein paar Sardinen«, sagte Ludwig.

»Ach, die meinst du«, entgegnete Rolf und hielt nach Adi Ausschau, der Katzen nicht leiden konnte und schon mehr als eine davon rund um das Hafenbecken gejagt hatte.

»Und die Mäuse werden auch immer mehr. Die kommen von überallher. Und wenn die Mäuse die falschen oder gar keine Papiere haben, landen sie ganz schnell in einer Mausefalle. Die französischen Katzen arbeiten dabei mit den deutschen zusammen, auch wenn sie das nicht offiziell zugeben. Es wird eng«, sprach Ludwig leise, fast flüsternd, dann fragte er laut. »Seit wann bist du in Marseille?«

»Erst seit gestern. Wo ist Katja? Ist sie auch hier?«, erkundigte sich Hans.

»Nein, Katja war mit uns zusammen in Paris und ist von da aus nach New York gereist. Sie wollte dort alles für uns vorbereiten und uns dann nachholen, aber dann hat Herr Hitler unsere Reisepläne leider ein klein wenig durchkreuzt. Wir hatten die Koffer schon gepackt, da ist er mit seinen Soldaten in Frankreich einmarschiert, und wir mussten deswegen ein ganz klein bisschen … umplanen«, erwiderte Ludwig.

Beim Namen seiner Mutter hatte Rolf erneut aufgehorcht. Aber nur kurz, er hatte die Geschichte schon zu oft gehört. Außerdem hatte er Adi entdeckt. Der Terrier schnüffelte an einem toten Tintenfisch, den ein Fischer von seinem Boot auf die Kaimauer geworfen hatte. Der Franzose hatte Adi bereits einen warnenden Blick zugeworfen, und Rolf wusste, dass der Mann nicht zögern würde, den Hund mit einem Tritt ins Wasser zu befördern, wenn er ihn nicht schnell da wegholte.

»Lass das, Adi! Komm sofort her!«, brüllte Rolf.

Der Terrier zuckte zusammen, ließ von dem Tintenfisch ab und rannte zurück zu seinem Herrchen.

»Dein Hund heißt Adi?«, fragte Hans erstaunt. »So wie die Kurzform von Adolf? Adolf Hitler? Findest du das nicht ein bisschen … unpassend?!«

»Wieso?«, fragte Rolf zurück und kniete sich neben seinen Terrier auf den Boden. »Mach Männchen, Adi! Na komm, mach schon.«

Adi setzte sich auf seine Hinterbeine und strampelte mit den Vorderpfoten in der Luft. Rolf griff nach der rechten Pfote und schüttelte sie feierlich.

»Sehr gut, Adi«, lobte Rolf. »Und jetzt toter Hund!«

Der Terrier legte sich auf die Seite und streckte alle Beine von sich. Völlig regungslos blieb er auf dem Boden liegen.

»Wenn das mit dem echten Adolf auch so leicht ginge. War das deine Idee?«, fragte Hans lachend.

»Nein, Adi gehört meiner Mutter«, antwortete Rolf.

»Katja hat ihn hiergelassen, damit Rolf was zum Schmusen hat, wenn sie nicht da ist. Rolf hat ihm ein paar Kunststücke beigebracht und versprochen, dass er ihr Adi in New York zurückgibt«, erklärte Ludwig.

»Und das Versprechen halte ich auch«, bestätigte Rolf feierlich.

Er gab Adi einen sanften Klaps. Sofort sprang der weiße Foxterrier auf alle viere und fing laut an zu kläffen, als wollte er allen Umstehenden beweisen, dass er den toten Hund nur gespielt hatte.

Das Café

»Bonjour! Gibt's heute Croissants?«, begrüßte Rolf den Wirt auf Französisch, als er und sein Vater ihr Stammcafé betraten.

Rund um den Hafen gab es unzählige davon, und weder Rolf noch sein Vater hätten sagen können, warum ausgerechnet dieses ihr Lieblingscafé geworden war. Es war fast zu jeder Tageszeit brechend voll, aber das galt für die anderen Lokale auch. Die Betreiber der Cafés und Bistros gehörten zu denen, die an dem Flüchtlingsstrom verdienten, obwohl sich die meisten ihrer Gäste stundenlang mit einer einzigen Tasse Kaffee oder einem Glas Wein begnügten.

»Was ist jetzt mit den Croissants?«, wiederholte Rolf, weil der Wirt ihn wegen des lauten Stimmengewirrs nicht verstanden hatte.

»Habt ihr gehört?! Der Kleine will wissen, ob ich Croissants habe! In der Küche liegen so viele, dass du Tage brauchst, um die alle zu futtern. Und danach hast du garantiert Bauchweh und kommst eine Woche nicht mehr vom Klo runter«, erwiderte der Wirt und zwinkerte Rolfs Vater zu.

Die beiden Männer hatten sich vom ersten Tag an gut verstanden. Rolf vermutete, das lag daran, dass sein Vater ebenso gerne lachte und genauso dick war wie der Wirt. Die meisten der anderen Gäste waren hagere, ernste Gestalten mit ausgezehrten Gesichtern. Ludwig hatte sich seinen Humor bewahren können, genau wie die überzähligen Kilos, die er seit Berlin mit sich herumschleppte.

»Echt wahr?«, fragte Rolf, der das Zwinkern der beiden Männer nicht bemerkt hatte.

»Genauso wahr wie die Nachricht, dass Hitler gestern freiwillig zurückgetreten ist und sich bei allen entschuldigt hat, die seinetwegen in den letzten Jahren ein paar Unannehmlichkeiten hatten«, erwiderte der Wirt lachend.

»Kapital komisch«, brummte Rolf enttäuscht.

»Hey, das war doch nicht böse gemeint. Er hat nur einen Witz gemacht«, versuchte sein Vater zu beschwichtigen. »Hier wird sowieso viel zu wenig gelacht.«

»Gibt ja auch keinen Grund dazu«, mischte sich ein Mann ein, der neben ihnen an der Theke stand. »Marseille ist eine elende Falle. Wir zappeln hier wie die Fische im Netz. Die Nazis brauchen es nur noch einzuholen, dann sind wir alle geliefert.«

»Noch haben sie uns nicht, Horst«, erwiderte Ludwig. »Und solange wir lachen können, sind wir auch nicht verloren. Das solltest du auch mal ausprobieren, statt hier mit einem Gesicht wie sieben Tage Regenwetter rumzusitzen.«

Der Mann, den Ludwig Horst genannt hatte, schnaufte

verächtlich und drehte sich weg, um ein Gespräch mit dem Mann rechts von ihm zu beginnen. Rolf verstand nur Fetzen von dem, was die beiden besprachen. Doch wenn er sich nicht irrte, ging es auch zwischen ihnen nur um das eine Thema, das hier alle bewegte: Was war der beste Weg, Frankreich zu verlassen, und wie schaffte man es, in den USA oder Südamerika aufgenommen zu werden? Es kursierten immer wieder Gerüchte von Flüchtlingen, die an der Grenze zurückgeschickt wurden, weil ihre Papiere nicht in Ordnung waren oder weil sie nicht genügend Geld hatten, um die Zöllner zu bestechen. Das ganze Café war ein brummender Raum, in dem die Gerüchte ein und aus flogen wie Bienen in einem Bienenstock.

»Entschuldige, war wirklich nicht böse gemeint. Du weißt doch, dass Mehl und Butter knapp sind in diesen Zeiten. Und ohne Butter und Mehl gibt es nun mal leider keine Croissants«, sagte der Wirt beschwichtigend und schob Rolf eine Limonade über die Theke. »Hier, die ist für dich. Geht aufs Haus.«

»Danke«, murmelte Rolf und nahm einen Schluck, weil er nach dem Schwimmen tatsächlich durstig war.

Ludwig grüßte ein Pärchen, das an einem der hinteren Tische saß und gemeinsam in einer Zeitung las. Die Frau trug einen Hut und ein geblümtes Kleid, dessen Farben so vergilbt waren, dass die Blumen auf dem Stoff verblüht aussahen. Rolfs Vater kannte die meisten Menschen, die hier ihren Kaffee tranken, und wusste zu fast jedem eine Geschichte zu erzählen. Horst, der trübsinnige Mann an der Theke, war ein Theaterautor. In Berlin hatte man ihm eine große Karriere prophezeit, aber dann kamen die

Nazis an die Macht und verboten die Aufführung seiner Stücke. Die beiden Schachspieler, die an einem Tisch an der Wand schweigend über ihren nächsten Zügen brüteten, waren in Wien Professoren gewesen, und die Frau mit dem Hut und dem ausgebleichten Sommerkleid war eine berühmte Filmschauspielerin, die seit ihrer Flucht aus Deutschland vor keiner Kamera mehr gestanden hatte.

»Warte bitte hier, ich muss kurz mit den beiden da vorne etwas besprechen.« Rolfs Vater drängelte sich zwischen den Stühlen und Tischen zu dem Zeitung lesenden Pärchen durch.

Rolf blieb mit Adi auf dem Arm an der Theke stehen und trank seine Limonade, als er an einem der anderen Tische eine blonde Frau entdeckte. Sie drehte ihm den Rücken zu und erinnerte ihn aus der Ferne an seine Mutter. Doch als er neugierig näher kam, verlor sich die Ähnlichkeit. Mit einem feinen Pinsel malte die Frau einen Stempel auf einem Ausweis nach. Als sie spürte, dass Rolf hinter ihrem Rücken stand, drehte sie sich um und lächelte ihn an.

»Hallo! Ich bin Anna und wer bist du?«

»Ich heiße Rolf. Aber ist das nicht verboten?«, fragte Rolf und zeigte auf den gefälschten Stempel.

»Sogar strengstens verboten«, antwortete die Frau und grinste frech.

»Haben Sie keine Angst, dass man Sie erwischt?«

»Hier?« Die Frau lachte. »Die Hälfte der Leute hier hat selbst gefälschte Pässe und die andere Hälfte hat sie ihnen verkauft. Nein, ich habe keine Angst. Aber warte! Bleib so stehen! Dreh dich nicht um!«

»Wieso?« Rolf sah erschrocken über seine Schulter zum Eingang. »Ist da Polizei?«

»Keine Sorge, ich will dich nur malen!« Die Frau schob den Pass zur Seite und griff nach einem weißen Blatt, das auf dem Tisch lag.

Rolf verdrehte den Hals, um zu sehen, was sie zeichnete. Aber die Frau zischte nur streng, wenn er sich bewegte, und hielt das Papier so, dass Rolf keinen Blick auf das Bild werfen konnte.

Ludwig hatte sein Gespräch beendet und kam zu ihnen herüber. Er beugte sich über das Blatt und nickte zufrieden.

»Sehr gut getroffen, Anna«, lobte Rolfs Vater.

»Kann ich es jetzt auch endlich mal sehen«, bat Rolf.

Anna legte die Zeichnung so auf den Tisch, dass Rolf sein Porträt betrachten konnte. Es war nicht ganz klar zu erkennen, wer auf dem Bild der Junge und wer der Hund war. Anna hatte sie beide ähnlich gemalt, beide mit viel zu großen Nasen und Ohren.

»Aber so sehe ich doch gar nicht aus! Und Adi auch nicht!«, rief Rolf.

»Deiner?«, fragte Anna.

»Mein ganzer Stolz«, erwiderte Ludwig.

»Der Hund oder der Junge?« Anna lächelte spöttisch.

Ludwig erwiderte das Lächeln und wandte sich an Rolf. »Die Dame, die dieses umwerfende Porträt von dir und Adi verbrochen hat, war in Berlin eine berühmte Künstlerin. Jetzt hockt sie wie wir in Marseille und fälscht Pässe.«

»Das ist auch eine große Kunst!«, bemerkte Anna.

»Dann wollen wir deine große Kunst nicht weiter stören, man sieht sich in Amerika«, verabschiedete sich Ludwig.

»Na, hoffen wir's«, erwiderte Anna und reichte Rolf das Bild mit der Karikatur.

»Danke.« Rolf faltete das Blatt, steckte es in seine Jackentasche und verließ mit seinem Vater das Café. An der Tür drehte er sich noch einmal zu Anna um. Sie winkte, dann widmete sie sich wieder ihren Fälschungen.

»Und? Wann fahren wir jetzt endlich zu Mama?«, fragte Rolf, als sie den Hügel zu ihrem Hotel hinaufstiegen.

»Schon bald«, antwortete sein Vater ausweichend.

»Warum erst bald? Warum nicht gleich, Paps?«

»Weil es nicht geht. Noch nicht.«

»Wollen uns die Amerikaner denn nicht?«

Ludwig blieb stehen, um sich ein wenig auszuruhen. Wegen seines dicken Bauchs geriet er auf dem steilen Rückweg immer wieder außer Atem.

»Doch, die wollen uns schon«, antwortete Ludwig, als er wieder genügend Luft bekam. »Die haben uns sogar eingeladen, zu ihnen zu kommen. Aber die Franzosen wollen uns auch. Die lassen uns nämlich nicht raus. Die geben Deutschen keine Ausreisegenehmigung mehr, das habe ich grad erfahren.«

»Brauchen wir die denn?«

»Ohne den richtigen Stempel im Pass kommen wir nicht über die Grenze. Und wenn wir nicht über die Grenze kommen, kommen wir auch nicht raus aus dem hübschen Frankreich.«

»Und jetzt?«, fragte Rolf besorgt.

»Alles halb so schlimm, mach dir keine Sorgen«, antwortete Ludwig. »Müssen wir uns halt etwas anderes ausdenken.«

Ihr Hotelzimmer lag im zweiten Stock. Darin gab es ein Bett, einen Schreibtisch, auf dem Ludwigs Reiseschreibmaschine stand, einen Schrank, ein Sofa und ein Waschbecken. Am meisten aber liebte Rolf den kleinen Balkon. Er war gerade groß genug, um dort zwei Stühle hinzustellen und im Freien zu sitzen. Von dort aus konnte Rolf auf den breiten Boulevard hinunterschauen. Blickte er nach links, sah er die große Treppe, die zum Bahnhof hinaufführte, schaute er nach rechts, verlor sich der Blick in den Wipfeln der Bäume, die vor dem Fenster wuchsen. Wenn Rolf die Hand ausstreckte, konnte er die Blätter der Platanen berühren.

»Ohne gültige Ausreisegenehmigung gibt es zwei Wege, Frankreich zu verlassen.« Ludwig saß auf dem Stuhl neben Rolf, während es sich Adi zu ihren Füßen bequem gemacht hatte.

»Wir klauen uns einen Flieger oder schnappen uns ein U-Boot«, schlug Rolf vor.

»Damit wären es sogar vier.«

»Was sind denn die anderen?

»Wir warten auf ein Schiff, das uns heimlich übers Mittelmeer nach Afrika bringt«, antwortete Ludwig.

»Wieso brauchen wir ein Schiff? Wir können doch auch schwimmen«, schlug Rolf vor.

»Das wäre ein bisschen zu weit.«

»Und welchen Weg gibt es noch?«

»Wir gehen über die Berge nach Spanien.«

»Ist das auch so weit wie nach Afrika?«

»Nein, viel kürzer. Und danach fahren wir mit dem Zug nach Lissabon und nehmen von dort ein Schiff nach New York.«

»Ich bin für die Berge«, erklärte Rolf.

»Ich auch«, erwiderte Ludwig. »Es gibt nämlich zurzeit gar keine Schiffe, die aus Marseille auslaufen. Genauso wenig wie U-Boote oder Flugzeuge, die uns hier herausbringen könnten.«

Die beiden sahen auf die Straße hinunter, wo sich die Menschen in der einbrechenden Dämmerung über den Bürgersteig schoben.

»Müssen wir klettern?«, fragte Rolf nach einer Weile.

»Ach was, das ist nur ein längerer Spaziergang«, erwiderte Ludwig. »Siehst du den Mann da unten mit dem Hut?«

»Die haben fast alle Hüte! Welchen meinst du?«, wollte Rolf wissen.

»Den großen in dem grauen Anzug. Gut oder böse?«

Gut oder böse war ihr Lieblingsspiel. Rolf und sein Vater wählten sich wahllos Menschen auf der Straße aus und überlegten, ob sie zu den Guten oder zu den Bösen gehörten. Ob sie für oder gegen Hitler waren.

»Kapital gut«, sagte Rolf. »Er hat ein dickes Buch unterm Arm.«

»Glaube ich auch«, bemerkte Ludwig. »Du bist dran, suche dir jemanden aus.«

»Die Frau da vorne. Die den Eingang zu ihrem Haus fegt.«

»Böse«, erwiderte Ludwig, ohne lange nachzudenken.

»Warum?«, wollte Rolf wissen.

»Hast du nicht gesehen, wie sie den armen Kerl zusammengestaucht hat, der versehentlich in ihren Kehrhaufen getreten ist«, erklärte Ludwig, dann sah er auf seine Armbanduhr. »Höchste Zeit für dich, schlafen zu gehen.«

»Und du?«

»Ich muss noch mal los und was erledigen.«

»Fremde Frauen ansprechen? Das sage ich Mama, wenn wir in New York sind.« Rolf grinste.

»Petze«, antwortete Ludwig und grinste zurück.

»Was willst du dann? Uns ein paar Wanderstöcke besorgen?«

»Warm, ganz warm.« Ludwig stand auf, beugte sich zu Adi hinunter und kraulte den Terrier sanft hinter den Ohren.

»Pass auf den frechen Kerl auf, hörst du?!«

»Der sollte besser auf dich aufpassen«, sagte Rolf.

»Das mach ich schon allein.« Ludwig küsste seinen Sohn auf die Stirn. »Bin bald wieder da. Schlaf gut.«

Als er das Zimmer schon fast verlassen hatte, drehte sich Ludwig noch einmal um. »Und der Hund kommt mir nicht ins Bett! Verstanden?«

»Weiß ich doch, Paps«, erwiderte Rolf.

»Dann ist ja gut. Bis später.«

Rolf wartete noch ein paar Minuten, nachdem die Tür ins Schloss gefallen war. Dann stand er auf, nahm Adi hoch und legte sich mit dem Terrier aufs Bett.

»Bald sehen wir Mama wieder. Nur ein bisschen spazieren gehen und dann mit dem Schiff über den Atlantik.

Keine Sorge, das schaffen wir schon. Ich bin ja bei dir.« Rolf gab Adi einen Kuss, kuschelte sich eng an seinen Hund und las in Erich Kästners *Der 35. Mai.*

In Berlin hatte er Kästner einige Male getroffen. Wenn Rolf seinen Vater ins Kaffeehaus begleitete, waren die Chancen hoch, auch dem berühmten Schriftsteller zu begegnen, der dort seine Bücher schrieb, mit Freunden plauderte oder seiner Sekretärin Briefe diktierte. Damals war Rolf noch zu klein gewesen, um zu verstehen, mit wem sein Vater da sprach. Er erinnerte sich nur noch vage an den freundlichen Mann, der bei einem ihrer Treffen ein Exemplar des *35. Mai* aus der Tasche gezogen, seinen Stift gezückt und eine Widmung hineingeschrieben hatte:

»Für den kleinen Rolf!
Schau immer voran
und denke daran:
Was hinter dir liegt,
nur halb so viel wiegt.
Dein Erich Kästner«

Rolf hatte sich damals über das »klein« geärgert, war aber gleichzeitig fürchterlich stolz gewesen, obwohl er nicht verstand, was die Widmung bedeuten sollte. Er hatte seinen Vater gefragt, aber der hatte nur lächelnd geantwortet: »Es ist deine Widmung, nicht meine. Du wirst schon noch herausfinden, was Erich damit meint.«

Das signierte Exemplar war das einzige seiner vielen Bücher, das Rolf von Berlin über Paris bis nach Marseille hatte retten können. Früher hatte seine Mutter ihm daraus vorgelesen. Jetzt las Rolf es selbst, und dass er Kästners *35. Mai* fast auswendig kannte, störte ihn überhaupt nicht, im Gegenteil: Seit sie Berlin hatten verlassen müssen, hatte sich alles verändert. Die Wörter in seinem Buch aber waren immer noch dieselben.

Bevor er das Buch weglegte, betrachtete Rolf das zerknitterte Foto seiner Mutter, das er als Lesezeichen benutzte. Es war nach einem ihrer Auftritte entstanden. Sie trug ein weißes Kostüm und strahlte ihn an. Rolf strich über ihr Gesicht, dann legte er das Foto zurück ins Buch und machte das Licht aus.

Als Ludwig spät in der Nacht nach Hause kam, lag Adi immer noch neben seinem Herrchen im Bett. Rolf hatte die Decke weggestrampelt und schlief quer, sodass für seinen Vater kein Platz mehr auf der Matratze war. Ludwig strich erst seinem Sohn und danach dem Terrier sanft über den Kopf. Dann deckte er Rolf zu, holte eine Wolldecke aus dem Schrank und legte sich auf dem viel zu kleinen Sofa zum Schlafen nieder.

Die Razzia

»Sprich mir nach: Mei näm is Rolf«, forderte Ludwig seinen Sohn auf.

»My name is Rolf«, wiederholte Rolf. »Wir bleiben da aber doch nicht lange, oder?! Nicht, dass du dich wieder festquatschst und wir erst Stunden später zum Strand kommen.«

»Ich muss im Café nur kurz etwas Wichtiges abholen. Dauert nicht lange, versprochen«, beschwichtigte Ludwig. »Ich springe da schnell rein und bin auch gleich schon wieder draußen.«

Die beiden liefen mit Adi den breiten Bürgersteig des Boulevards entlang, an dem auch ihr Hotel lag. Als sie auf die Straße abbogen, die zum Hafen hinunterführte, wurden sie von einem schwarzen Wagen überholt. Ludwig drückte Rolf rasch in einen Hauseingang, weil er hinter dem Steuer einen Mann mit einer deutschen Uniform entdeckt hatte. Rolfs Vater tat, als suchte er auf dem Klingelschild des Hauses nach einem Namen, und Rolf tat so, als würde er ihm dabei helfen. Erst als das Auto vorbeigefahren war, traten sie zurück auf den Bürgersteig und liefen weiter.

»Wird höchste Zeit, dass wir hier wegkommen. Hier in Marseille gibt es schon viel zu viele braune Katzen«, sagte Rolf.

»Was denn für braune Katzen?«, fragte Ludwig überrascht.

»Für wie dumm hältst du mich eigentlich? Ich bin dein Sohn! Glaubst du, ich habe nicht gewusst, über wen du gestern mit deinem Kollegen geredet hast, als du von den Katzen gesprochen hast?«

»Ich vergesse immer wieder, wie groß du schon bist«, sagte Ludwig. Er war stehen geblieben und blickte seinen Sohn lange an. »Immerhin können die bösen braunen Katzen uns bald keine Angst mehr machen. Unserem Spaziergang steht nämlich nichts mehr im Wege.«

»Wirklich?«

»Ich habe gestern Nacht jemanden getroffen. Einen Amerikaner, der hilft Leuten wie uns. Und weißt du, wie der heißt?«

Rolf zog ratlos die Schultern hoch.

»Der heißt tatsächlich Varian Fry! Klingt fast wie frei. Frei wie Freiheit. Ist das nicht ulkig? Ich finde das ulkig.«

»Schon, aber was hat dieser Fry oder Frei mit uns zu tun?«, wollte Rolf wissen.

»Er hat mir den Namen eines Ehepaares genannt, das lebt in einem Fischerdorf auf der französischen Seite direkt an der spanischen Grenze. Die werden uns helfen. Wir brauchen nur noch eine Reisegenehmigung, um mit dem Zug dorthin fahren zu dürfen«, erklärte Ludwig.

»Und wo kriegen wir die her?«

»Von Anna, der Künstlerin. Sie wartet im Café auf uns. Und dann werden wir ein bisschen wandern. Das wird dir gefallen.«

»Und dir wird das guttun, Paps.« Rolf stupste mit dem Zeigefinger in den dicken Bauch seines Vaters.

»Na warte!«, drohte Ludwig, aber da war Rolf mit Adi schon lachend die Straße hinuntergerannt. Bald schon würde er seine Mutter wiedersehen. Rolf hatte allen Grund, bester Laune zu sein.

Das Café war voll wie immer und wie immer waren dieselben Leute da. Horst stand an der Theke und blies Trübsal, die beiden Schachspieler grübelten schweigend über ihren nächsten Zügen, und Anna saß an ihrem Tisch und fälschte Stempel. Ludwig setzte sich zu ihr, nachdem er kurz den Wirt begrüßt hatte.

»Hast du schon gehört?«, fragte Anna. »Die Deutschen sollen jetzt schon mit fünfzehn Panzerdivisionen an der Grenze stehen, um sich den Rest Frankreichs auch noch zu holen.«

»Die sind hier doch sowieso schon überall«, erwiderte Ludwig unbeeindruckt.

»Den nächsten Pass mache ich für mich selbst. Dann bin ich auch weg.« Anna schob Ludwig einen Umschlag über den Tisch. »Das hier sind übrigens eure Reisegenehmigungen, damit kommt ihr ohne Probleme bis zur Grenze.«

»Was kriegst du dafür?«, fragte Ludwig.

Anna winkte großzügig ab, weil sie mit Ludwig lieber über die aktuellen Gerüchte als über Geld reden wollte.

Rolf zog sein Buch aus der Tasche. Er setzte sich auf einen freien Stuhl am Nebentisch, weil ihn die Erwachsenengespräche langweilten. Er hatte gerade erst ein paar Seiten aus dem *35. Mai* gelesen, als ihm eine Frau über die Schulter schaute. Sie trug einen Pelzmantel, obwohl es draußen schon frühlingshaft warm war.

»Was liest du denn da?«, erkundigte sie sich neugierig.

Rolf war so in der Geschichte versunken, dass er sie gar nicht bemerkt hatte. Erschrocken zuckte er zusammen und schlug das Buch zu.

»Oh, der *35. Mai*! Das kenne ich.« Die Frau zeigte auf den Umschlag, auf dem ein schwarzes Pferd mit Rollschuhen und zwei Reitern – einem Jungen und einem älteren Herren – zu sehen waren. »Der sitzt übrigens immer noch in seinem Kaffeehaus in Berlin. Dürfte dort aber mittlerweile ziemlich einsam geworden sein. Ist ja sonst kaum noch einer da.«

»Vom wem reden Sie?«, fragte Rolf verständnislos.

»Na, von Erich natürlich«, erklärte die Frau und tippte auf den Namenszug über dem Titel. »Kästner ist einer der wenigen von uns, der nicht aus Berlin geflohen ist. Und das obwohl die Nazis auch seine Bücher verbrannt haben. *Emil und die Detektive* habe ich geliebt und *Pünktchen und Anton* sowieso. Die habe ich alle gelesen, dabei habe ich selbst gar keine Kinder.«

»Warum ist er denn nicht geflohen?«, wollte Rolf wissen.

»Weil er seine alte Mutter nicht allein in Deutschland zurücklassen will. Die beiden hängen aneinander, sehr sogar.«

»Das kann ich verstehen«, flüsterte Rolf.

»Traurige Geschichte, das Ganze. Hoffentlich überlebt er es.« Die Frau hielt einen Kellner an, der mit einem Tablett in der Hand an ihnen vorbeilief. »Kann ich was zu essen bestellen?«

»Bedaure, gnädige Frau. Aber die Küche ist heute geschlossen, der Koch hat Urlaub. Gibt einfach nichts, aus dem man was Gescheites kochen könnte«, antwortete der Mann mit einem starken Wiener Akzent.

»Dann bringen Sie mir bitte einen Cognac, Herr Musikrat«, bat die Frau.

»Es wäre mir eine Ehre, gnädige Frau.« Der Kellner verschwand mit seinem Tablett und die Fremde wandte sich wieder Rolf zu.

»In Wien war er ein berühmter Konzertpianist. Wusstest du das?«

Rolf schüttelte den Kopf und schaute dem Kellner hinterher.

»Und hier muss er Kaffee und Cognac servieren, um über die Runden zu kommen. Verrückte Welt.« Die Frau zog eine Zigarette aus der Tasche und zündete sie an.

»Warum haben Sie so einen dicken Mantel an?«, wollte Rolf wissen. »Draußen ist es doch schon warm. Wir waren sogar schon schwimmen.«

»Echt wahr?«

»Das machen wir fast jeden Tag.«

»Vielleicht sollte ich das auch mal ausprobieren.« Die Frau lächelte und strich mit den Fingern über das weiche Fell ihres Pelzmantels. »Das gute Stück hier ist das einzige von Wert, was ich noch besitze. Den lasse ich ungern im

Hotel zurück, auch wenn ich mich da drin halb tot schwitze. Du bist der Sohn von Ludwig, oder?«

Rolf nickte.

»Ich bin Monika. Du kannst stolz sein auf deinen Vater. Vor seinen Artikeln haben die Nazis in Berlin gezittert. Zumindest bevor sie an die Macht kamen. Danach hat er gezittert. So wie wir alle.«

»Kennen Sie auch meine Mutter?«, fragte Rolf.

»Und ob ich die kenne«, erwiderte Monika. »Eine tolle Tänzerin und eine wunderschöne Frau. Und das will was heißen, wenn eine Frau das über eine andere sagt. Wie geht es ihr?«

»Keine Ahnung. Ich dachte, Sie wüssten vielleicht was. Den letzten Brief von ihr aus New York haben wir vor drei Monaten ...«

Rolf sprach nicht weiter, weil draußen auf der Straße plötzlich drei Mannschaftswagen hielten. Die Türen gingen auf und französische Polizisten sprangen auf die Straße. Sie liefen genau auf den Eingang des Cafés zu.

»Razzia! Alle raus! RAUS!«, brüllte der Wirt, noch bevor die ersten Beamten den Eingang erreicht hatten.

Die Menschen im Bistro rannten panisch durcheinander. Einige versuchten, an den Polizisten vorbei auf die Straße zu flüchten, andere schmissen sich einfach auf den Boden, um unter Tische und Bänke zu kriechen und sich dort zu verstecken. Nur die beiden Schachspieler ließen sich nicht stören und brüteten weiter über ihrer Partie. Ludwig war sofort bei Rolf und griff nach dem Ärmel seines Sohnes.

»Komm, schnell! Raus hier!«, rief er.

Rolf blieb gerade noch Zeit, sich sein Buch und Adi zu

schnappen. Mit dem Hund auf dem Arm lief er seinem Vater hinterher, der ihn durch das Gedränge der Menschen in einen Gang zog, an dem die Toiletten des Cafés lagen. Rolf wollte auf das Klo flüchten, aber Ludwig hielt ihn zurück und zeigte auf eine andere Tür, an der »Cuisine« stand. Schnell verschwanden sie in der Küche und schlossen die Tür hinter sich.

Rolf und Ludwig lehnten sich gegen das Türblatt und atmeten durch. Aus dem Café hörten sie die gebrüllten Befehle der Polizisten und dazwischen immer wieder Schreie.

»Warum nicht aufs Klo?«, flüsterte Rolf.

»Weil sie da immer als Erstes suchen«, schnaufte sein Vater. »Weißt du doch.«

»Und jetzt, Paps?« Rolf sah sich in der Küche um. Genau wie der kellnernde Pianist gesagt hatte, war der Raum menschenleer.

»Hoffen wir, dass sie uns hier nicht suchen. Die Küche ist den Franzosen heilig, sie werden es nicht wagen, hier unerlaubt einzudringen«, antwortete Ludwig immer noch kurzatmig.

»Und was ist, wenn Deutsche dabei sind?« Rolfs Blicke blieben an einer weißen Schürze und einer Kochmütze hängen. »Ich weiß, was wir machen!«

Rolf setzte Adi auf dem Boden ab, band sich die Schürze um und setzte sich die Mütze auf den Kopf. Dann lief er auf einen Gasherd zu und griff nach einem der riesigen Töpfe, die sich in einem offenen Schrank darunter stapelten.

»Was hast du vor?«, fragte sein Vater. »Willst du kochen? Du kannst doch gar nicht kochen!«

»Vorsorgen, falls sie doch hier reinkommen«, erwiderte Rolf und stellte den Topf auf eine der Herdplatten. »Beeil dich und bring Adi mit.«

Rolfs Vater hob den Hund hoch und lief zum Herd. Rolf nahm ihm Adi ab und setzte ihn in den großen Topf.

»Soll ich da etwa auch noch reinklettern?«

»Nein, du versteckst dich hier unten, da wo der Topf war. Dort ist ja jetzt Platz genug.« Rolf zeigte auf die leere Stelle im Schrank.

Vor der Küchentür wurde das Brüllen und Schreien lauter.

»Mach schon, beeil dich«, drängte Rolf.

»Warum nicht du?«, sagte Ludwig, während er in die Knie ging und sich in die Lücke zwängte.

»Weil es meine Idee war«, erwiderte Rolf.

»Blöde Idee«, brummte Ludwig, während Rolf nach einem Deckel suchte, der groß genug für den Topf war.

»Bitte sei ruhig! Hörst du, Adi?! Keinen Ton, sonst sind wir geliefert!« Rolf strich dem winselnden Terrier beruhigend über den Kopf, dann legte er den Deckel auf den Topf.

Im selben Moment drückte jemand von außen die Klinke nach unten. Gebannt starrte Rolf auf die Tür, aber es war kein Polizist, sondern Anna. Rolf konnte die Angst in ihren Augen sehen und die Erleichterung, als sie ihn hinter dem riesigen Topf entdeckte.

»Schnell!«, rief Rolf ihr zu. »Kommen Sie zu uns! Verstecken Sie sich hier.«

»Wer ist denn da?«, erkundigte sich Ludwig, weil er aus seinem Versteck die Tür nicht sehen konnte.

Anna rannte quer durch die Küche auf den Schrank zu.

»Du?«, fragte Ludwig überrascht, als er die Fälscherin erkannte.

»Dein Sohn hat mich eingeladen und jetzt mach dich nicht so breit.« Anna quetschte sich zu Ludwig in die enge Lücke.

»Aber …«

»Pssst!«, unterbrach Rolf seinen Vater, weil sich die Tür in diesem Augenblick ein zweites Mal öffnete.

Diesmal war es kein Flüchtling, sondern ein französischer Polizist. Der Mann nickte Rolf freundlich zu und blickte sich neugierig um.

»Ist der Chefkoch nicht da? Hat dich wohl allein gelassen, was? Dir ist da übrigens das Feuer ausgegangen«, sagte der Polizist auf Französisch und deutete auf die erloschene Gasflamme unter dem Topf.

»Oh, merci«, erwiderte Rolf und griff nach einer Streichholzschachtel, die neben dem Herd lag. Der Mann beobachtete ihn genau. Rolf blieb gar nichts anderes übrig, als die Flamme unter dem Topf zu entzünden.

»Suppe?«

Rolf nickte.

»Wunderbar«, erwiderte der Polizist zufrieden. »Die Kollegen durchsuchen die Klos nach Flüchtlingen, die sich dort versteckt haben. Aber ich bin ja nicht doof. Statt in den stinkenden Toiletten nachzuschauen, habe ich mir gedacht: Gehst du mal in die Küche gucken.«

»Was passiert mit den Flüchtlingen?«, fragte Rolf auf Französisch.

»Die kommen alle auf die Polizeiwache, damit wir ihre

Papiere prüfen können. Wenn alles okay ist, dürfen sie nach ein paar Tagen wieder gehen. Wenn nicht, behalten wir sie noch ein bisschen. Oder wir übergeben sie den Deutschen. Die sind ganz heiß auf einige von denen. Was ist denn das für eine Suppe?«

Der Polizist griff nach einer Kelle, die an der Wand hing, und näherte sich dem Herd. Rolf bemühte sich, ganz ruhig zu bleiben. Von dort, wo er stand, konnte der Mann weder Ludwig noch Anna sehen und sie ihn auch nicht. Doch es fehlten nur noch wenige Schritte, dann würde er sie entdecken. Und falls nicht, würden sie spätestens dann alle auffliegen, wenn der Polizist den Topfdeckel hob, um die Suppe zu probieren. Oder wenn Adi anfangen würde zu kläffen, weil es ihm in dem Topf zu heiß wurde, jetzt wo die Flamme unter seinem Hintern brannte. Es gab nichts, was Rolf tun konnte. Nichts, außer auf einen rettenden Zufall zu hoffen.

Der Mann streckte seine Hand nach dem Topfdeckel aus, als draußen auf dem Flur plötzlich eine Trillerpfeife ertönte.

»Merde alors!«, fluchte der Polizist. Er drehte sich um und lief zur Tür. Als er sie fast erreicht hatte, drehte er sich noch einmal zu Rolf um. »Und hebe mir was von der Suppe auf! Ich komme später noch mal wieder!«

Dann war er auch schon auf dem Gang verschwunden.

Rolf stellte mit der linken Hand schnell die Flamme unter dem Herd aus und hob mit der rechten den Deckel hoch. Mit einem Satz sprang Adi aus dem Topf, Rolf direkt in die Arme.

»Gut gemacht, armer, armer Adi!«, sagte Rolf und streichelte seinem Hund über den Kopf, während Ludwig und Anna aus ihrem Versteck krochen. Es dauerte eine Weile, bis sie ihre Arme und Beine wieder entwirrt hatten.

»Und was ist mit mir? Ich etwa nicht?«, fragte Ludwig.

»Gut gemacht, armer, armer Paps!«, sagte Rolf und streichelte auch seinem Vater über den Kopf.

»Ich würde ja eher sagen: Gut gemacht, Rolf«, lobte Anna. »Danke!«

Rolf wurde rot und nuschelte verlegen: »Das war doch nichts Besonderes.«

»Anna hat recht, das hast du ... das habt ihr beide, du und Adi, sehr gut gemacht«, bestätigte Ludwig.

»Von wegen, den Franzosen ist die Küche heilig«, bemerkte Rolf.

»Nicht, wenn sie hungrig sind.« Ludwig humpelte in der Küche auf und ab, weil sein rechtes Bein eingeschlafen war.

»Und das sind sie eigentlich ständig«, sagte Anna. »Genau wie wir.«

»Und deswegen lasst uns lieber hier verschwinden, bevor er wiederkommt, um sich seinen Teller Suppe zu holen.« Ludwig ging zur Küchentür und öffnete sie einen Spaltbreit. »Die Luft ist rein.«

Anna und Rolf folgten ihm über den Flur an den Toiletten vorbei nach hinten, wo sie am Ende eines Labyrinths von Gängen endlich eine offene Tür fanden, die auf einen Hof führte. Von dort aus gelangten sie durch eine Toreinfahrt zurück an den Hafen.

Vor dem Café waren die Polizisten immer noch damit beschäftigt, Flüchtlinge in die Wagen zu sperren. Rolf erkannte die beiden Schachspieler, die ihr Brett zwischen sich hielten und sich auch durch die Razzia in ihrem Spiel nicht stören ließen. Horst, der Mann, der immer trübsinnig an der Theke gestanden hatte, war ebenfalls unter den Verhafteten, und auch Monika, die Frau, mit der Rolf über seine Mutter gesprochen hatte. Einer der Polizisten hatte ihr den Pelzmantel abgenommen und reichte ihn an einen Kollegen weiter.

»Können wir denen nicht irgendwie helfen?«

»Leider nicht«, antwortete Ludwig seinem Sohn. »Aber wenn ihre Papiere in Ordnung sind, lässt die Polizei sie wieder laufen.«

»Spätestens übermorgen sind die meisten von denen wieder draußen«, ergänzte Anna. »Vergiss nicht, die meisten haben ihre Pässe von mir.«

»Und was machen wir jetzt?« Rolf wandte seinen Blick von den Polizeiwagen ab und sah seinen Vater an.

»Baden. Was sonst?!«, erwiderte Ludwig.

»Kommen Sie mit?«, fragte Rolf.

»Liebend gerne, aber mein Badeanzug ist noch in Berlin!«, erwiderte Anna und gab erst Rolf und dann Ludwig einen Kuss auf die Wange. »Danke noch mal und grüßt Katja von mir, wenn ihr sie in New York wiederseht. Ich wünsche euch alles Gute und viel Glück für eure Reise.«

Aufbruch

Der Mistral blies kühl vom Land in die Stadt. Trotzdem war der Strand voller als an den Tagen davor, weil Samstag war. Ludwig und Rolf waren die Wochenenden egal. Sie mussten weder zur Arbeit noch zur Schule. Alles, was Rolf wissen musste, brachte ihm sein Vater bei.

Die beiden hatten gebadet und lagen angezogen auf ihren Handtüchern. Adi hatte alle viere von sich gestreckt und döste im Sand neben ihnen. Es war nicht die erste Razzia gewesen, in die sie geraten waren, aber mit etwas Glück war es ihre letzte, hoffte Rolf. Jetzt, wo sie alle nötigen Papiere für ihre Reise besaßen, konnten sie mit dem Zug an die Grenze fahren und über die Berge nach Spanien fliehen. Und von dort weiter nach Portugal, wo ein Schiff auf sie wartete, das sie nach New York bringen würde. Rolf hatte seine Lider fast geschlossen. Nur durch einen schmalen Schlitz schaute er in den blauen Himmel, auf dem sich eine kleine weiße Wolke der Sonne entgegenschob. Sie sah aus wie ein riesiger Dampfer, einer, der groß genug war, um über das Meer bis nach Amerika zu fahren.

»Spielen wir eine Partie Gut oder böse?«, fragte Ludwig.

Rolf blinzelte und das Wolkenbild des Ozeandampfers war verschwunden.

»Wie bitte?«

»Ob wir Gut oder böse spielen?«, wiederholte Ludwig.

»Meinetwegen«, antwortete Rolf.

»Die Frau da vorne. Was glaubst du: gut oder böse?« Ludwig zeigte auf eine Schwimmerin. Sie trug einen hochgeschlossenen Badeanzug und stieg fröstelnd aus dem Meer, um sich schnell abzutrocknen.

»Die gehört zu den Guten«, tippte Rolf.

»Glaube ich auch. Die sieht nett aus und außerdem ziemlich mager. Wenn sie zu den Bösen gehören würde, bräuchte sie nicht zu hungern.«

»Ich habe ebenfalls kapitalen Hunger«, sagte Rolf. »Und Adi sicher auch.«

Als er seinen Namen hörte, hob Adi kurz seinen Kopf, legte ihn aber sofort wieder ab, als er merkte, dass es nichts zu fressen für ihn gab.

»Wir essen nachher im Hotel einen kleinen Happs«, sagte Ludwig.

»Ein großer Happs wäre mir lieber«, erwiderte Rolf.

»Ich befürchte, unser Geld wird nur für einen kleinen reichen«, bedauerte Ludwig.

Seit sie aus Berlin geflohen waren, hatten sie größtenteils von ihrem Ersparten gelebt. In Paris war es Ludwig noch hin und wieder gelungen, einen Artikel an eine der wenigen deutschsprachigen Zeitungen im Ausland zu verkaufen. Aber die zahlten meist schlecht oder gar nicht. Nach Ausbruch des Krieges hatten Rolfs Eltern ihre Wertsachen verkaufen müssen. Darunter auch Ludwigs Bücher, die er aus Berlin mitgenommen hatte, weil er sich nicht von ihnen hatte trennen können. Viel verdient hatte er damit nicht. Es war keine gute Zeit für den Verkauf von Büchern. Der Schmuck von Rolfs Mutter hatte mehr eingebracht. Mit dem Geld hatten sie die Tickets für die Überfahrt nach New York bezahlt. Seine Mutter war vorausgereist, um dort alles für die Ankunft von Rolf und Ludwig vorzubereiten. Ab und zu hatte sie von dort ein paar Dollar nach Paris geschickt, aber nach dem Einmarsch der Deutschen in Frankreich war nicht nur diese Quelle versiegt, sondern auch die Möglichkeit, ihr über den Atlantik zu folgen. Für Ludwigs Reiseschreibmaschine hätten sie einen guten Preis erzielt. Aber Rolfs Vater hatte sich geweigert.

»Von drei Dingen werden wir uns niemals trennen: von meiner Schreibmaschine, Adi und unserer Ehre«, hatte er feierlich erklärt und angefangen, auf Hitler zu schimpfen, weil sie das meiste von dem, was sie besaßen, in Berlin hatten zurücklassen müssen: den Mercedes, das Haus und die Möbel. Rolfs Vater regte sich jedes Mal schrecklich auf, wenn er daran dachte, dass nun irgendein Nazi sein Auto fuhr, in seinem Haus wohnte und in seinem Bett schlief. Auch Rolf vermisste die Spielsachen, die er zurücklassen musste. Aber er war nicht wütend darüber. Der Junge, der nun in Deutschland mit ihnen spielte, konnte ja nichts dafür. Der wusste wahrscheinlich gar nicht, wem die Sachen vorher gehört hatten.

Bei den Erwachsenen war das etwas ganz anderes. Rolf war davon überzeugt, dass die genau wussten, was sie taten. Sie waren schließlich schuld daran, dass er und sein Vater das Land hatten verlassen müssen, weil sie Hitler zu ihrem Führer gemacht hatten und ihm begeistert zujubelten, wenn er in Berlin durch die Straßen fuhr. Rolf erinnerte sich nur noch schwach an die Aufmärsche, aber sein Vater hatte ihm später oft genug davon erzählt. Auch von der Bücherverbrennung, bei der die Nazis die Bücher von Ludwigs besten Freunden in die Flammen geworfen hatten. Ludwig hatte Rolf damals mit dorthin genommen. Sein Sohn sollte die Barbarei mit eigenen Augen sehen. Doch alles, woran Rolf sich erinnerte, waren wehende Fahnen, lodernde Flammen und hübsche rote Funken, die über den Platz flatterten. Damals war er fünf Jahre alt gewesen. Auch nach der Bücherverbrennung waren sie nicht sofort aus Deutschland geflohen, obwohl Rolfs Vater nicht mehr schreiben durfte und auch seine Mutter kaum noch Auftrittsmöglichkeiten hatte. Seine Eltern hatten gehofft, dass der braune Spuk schnell wieder zu Ende wäre. Erst als sie erkannten, dass das nicht so bald der Fall sein würde, hatten sie ihre Koffer gepackt und waren nach Paris geflohen, wie so viele ihrer Kollegen auch.

»Und was ist mit dem alten Mann? Der in dem Liegestuhl da vorne?«, fragte Ludwig, um Rolf von seinem Hunger und ihren Geldsorgen abzulenken.

»Schwierig. Wenn die Leute angezogen sind, ist es viel einfacher.«

»Und langweiliger. Also, was glaubst du? Sag schon.«

»Was meinst du, Adi?«

Der Terrier hob erneut träge den Kopf und stieß ein leises Knurren aus.

»Böse«, sagte Rolf. »Ich vertraue da ganz auf Adis Instinkte.«

»Das ist zwar ein bisschen geschummelt, aber wieder richtig.«

»Woher willst du das so genau wissen?«

»Weil der Mann der stellvertretende Polizeipräsident von Marseille ist«, antwortete Ludwig. »Der arbeitet eng mit der deutschen Geheimpolizei zusammen und verbringt hier samstags immer seine Mittagspause.«

Auf der Straße, die hinter dem Strand vorbeiführte, sahen sie ein Auto mit deutschen Soldaten. Der Mann sprang von seinem Liegestuhl auf und salutierte. Rolf und Ludwig mussten sich zusammenreißen, um nicht laut loszulachen, weil der Alte in seinen Badesachen und seiner zum Hitlergruß in die Luft gestreckten Hand einfach zu komisch aussah.

»Sag ich doch: eindeutig böse. Es wird wirklich Zeit, dass wir hier wegkommen.« Ludwig griff in die Tasche seines Jacketts, das neben ihm lag, und zog einen Zettel heraus. »Und das hier wird uns dabei helfen.«

»Was ist das?«, wollte Rolf wissen.

»Das Papier, das Anna mir gegeben hat. Das ist unsere Reisegenehmigung bis zur Grenze. Schade, dass sie ihre kleinen Kunstwerke nicht signieren darf. Die wären später sicher mal ein Vermögen wert.« Ludwig stand auf und klopfte sich den Sand von der Hose. »Und jetzt lass uns zurück ins Hotel, wir haben noch viel zu tun, bevor wir heute Nachmittag aufbrechen.«

»Heute schon?«, fragte Rolf überrascht.

»Wir können gerne noch ein paar Tage bleiben, wenn dir die Gesellschaft hier so gut gefällt.« Ludwig deutete auf den stellvertretenden Polizeipräsidenten.

»Von mir aus können wir sofort aufbrechen. Je eher, desto besser«, erwiderte Rolf und erhob sich. »Komm, Adi! Wir fahren zu Mama!«

»Muss die auch mit, Paps?«, fragte Rolf und zeigte auf die halb leere Cognac-Flasche, die neben Ludwigs Reiseschreibmaschine auf dem Hotelschreibtisch stand.

»Natürlich, was denkst du denn?«, erwiderte sein Vater. »So wie ein Auto nicht ohne Benzin fährt, brauche ich das, um schreiben zu können.

»Man kann auch mit dem Rad fahren.«

»Dann ist man aber nicht so schnell.«

»Außerdem hast du schon lange nichts mehr geschrieben.«

»Werde ich aber wieder, sobald wir in Amerika sind. Und jetzt mach schon, pack die Flasche ein, damit wir fertig werden.« Ludwig saß auf dem Bett und trennte mit seinem Taschenmesser das Etikett aus seinem Mantel.

»Was machst du da eigentlich die ganze Zeit?«, wollte Rolf wissen, während er den Cognac zwischen Hemden und Hosen in einem großen Koffer verstaute.

Ludwig hielt ein abgetrenntes Etikett in die Höhe, sodass Rolf den Aufdruck »Hofschneider Heinrich und Otto Müller, Berlin« lesen konnte.

»Reine Vorsichtsmaßnahme«, erklärte Rolfs Vater. »Nur für den unwahrscheinlichen Fall, dass unterwegs etwas schiefläuft. Muss ja nicht jeder wissen, dass wir aus Deutschland kommen.«

»Du hast gesagt, es wäre nur ein Spaziergang.«

»Ein längerer Spaziergang, habe ich gesagt«, entgegnete Ludwig.

»Ja, aber du hast nicht gesagt, dass es gefährlich ist.«

»Ist es ja auch nicht. Und jetzt gib mir deinen.«

Ludwig streckte seine Hand aus und Rolf warf ihm seinen Mantel zu. Den hatte ihm seine Mutter kurz vor ihrer Abreise nach New York extra ein paar Nummern größer gekauft. Doch die weißen Streifen an den Ärmeln verrieten, dass der Mantel schon einige Mal ausgelassen worden war, weil Rolf so schnell wuchs.

»Mach dir keine Sorgen«, versuchte Ludwig, seinen Sohn zu beruhigen. »Alles wird gut gehen.«

»Vielleicht suchen die dich ja gar nicht mehr. Vielleicht haben die dich schon vergessen. Könnte doch sein, oder?« Rolf hatte sich auf das Sofa gesetzt und kraulte Adi hinter den Ohren.

»Wir stehen auf ihrer Liste. Die vergessen niemanden, der auf ihrer Liste steht. Genau genommen stehen wir sogar auf zwei Listen. Die eine bringt uns rein, die andere raus.«

»Wie das denn?«, fragte Rolf verwirrt.

Adi stieß ihn mit der Schnauze in die Seite, weil Rolf aufgehört hatte, ihn zu streicheln.

»Die erste Liste gehört den Nazis. Da stehen alle drauf, die sie verhaften wollen. Die könnte uns in eines ihrer Lager bringen. Die zweite Liste gehört den Amerikanern. Da stehen alle drauf, die sie aus Europa rausholen wollen, damit die Nazis sie nicht in ihre Lager stecken können. Wir stehen auf beiden«, erklärte Ludwig.

»Unter den ersten zehn?«, wollte Rolf wissen.

»Na ja, wohl nicht ganz«, erwiderte Ludwig.

»Den ersten zwanzig?«

»Eher irgendwo zwischen achtzig und hundert.«

»Nur?«

»Lass es mich so sagen: Weder Hitler noch der amerikanische Präsident haben unseretwegen schlaflose Nächte. Haben wollen sie uns trotzdem. Und zwar alle beide. Und jetzt mach schon, geh dich waschen. Wir fahren in einer Stunde mit dem Zug Richtung Grenze und da solltest du ein bisschen ordentlich aussehen.«

Rolf stand auf und trottete zum Waschbecken, während sich Ludwig dem Etikett im Mantel seines Sohnes widmete.

»Und womit? Es gibt keine Seife. Ich habe überall gefragt, aber es ist nirgendwo welche zu kriegen«, sagte Rolf.

Ludwig sah von seiner Arbeit auf und schaute seinen Sohn an, als hielte er das nur für eine billige Ausrede, um sich nicht waschen zu müssen.

»Wirklich! Nicht mal die Franzosen haben Seife«, versicherte Rolf.

»Hast du schon mal von dieser nassen, durchsichtigen Flüssigkeit gehört, die aus dem Hahn kommt, wenn man ihn aufdreht?«

»Nie davon gehört«, sagte Rolf und grinste.

»Das glaube ich dir sogar!« Lachend warf Ludwig seinem Sohn den Mantel über den Kopf. Adi sprang auf und zerrte an einem der Ärmel, um Rolf zu helfen.

»Das nennt man Wasser! Und jetzt geh schon und wasch dich«, sagte Ludwig, nachdem sich Rolf von dem Mantel über seinem Kopf befreit hatte.

»Dafür könntest du dich ruhig mal wieder rasieren«, sagte Rolf.

»Geht nicht. Gibt nämlich leider keine Rasierklingen.« Ludwig machte eine entschuldigende Geste. »Echt! Nicht mal die Franzosen haben welche.«

Von ihrem Hotel waren es nur wenige Meter bis zum Bahnhof. Ludwig trug den Koffer und seine Reiseschreibmaschine, Rolf einen Rucksack, in dem er sein Buch, ein halbes Baguette und Käse für die Fahrt eingepackt hatte. Adi sprang immer wieder an ihm hoch, um an dem Rucksack zu schnuppern.

»Wenn wir lebend an dem vorbeikommen, schaffen wir es auch in den Zug.« Ludwig zeigte auf einen steinernen Löwen, der vor dem Bahnhof thronte.

Rolf nickte nur und betrachtete eingeschüchtert das riesige Tier, das jeden Besucher misstrauisch zu mustern schien. So als läge es allein in seiner Entscheidung, wer von hier aus seine Reise antreten durfte und wer nicht. Auch Ludwig war nervös, das spürte Rolf. Obwohl sie wussten, dass die Kontrollen der Ankommenden strenger waren als bei den Abreisenden, sprachen sie nur noch wenig, nachdem sie den Bahnhof betreten hatten.

In der Halle drängelten sich die Menschen vor den Fahrkartenschaltern und auch auf den Bahnsteigen standen die Reisenden eng zusammen. Rolf beobachtete eine Mutter, die sich auf den schmutzigen Boden gekniet hatte.

Sie umarmte ihre kleine Tochter, die sie offensichtlich lange nicht gesehen hatte. Solche Wiedersehen gab es oft in Marseille. Rolf hatte auf den Straßen und in den Cafés schon Hunderte solcher Szenen beobachtet, und dennoch spürte er, wie tief in ihm der Neid auf das kleine Mädchen immer größer wurde. Rolf schaute weg, um das hässliche Gefühl nicht noch weiter zu füttern.

Der Zug

»Gib dich ganz natürlich. Auf keinen Fall darfst du zeigen, wie aufgeregt du bist«, flüsterte Ludwig seinem Sohn zu.

Sie liefen nebeneinander auf einen französischen Polizisten zu. Der Mann stand an der Sperre zu den Bahnsteigen und kontrollierte die Papiere der Reisenden.

»Du hast gut reden, Paps! Du zitterst doch selbst«, erwiderte Rolf.

»Still jetzt«, zischte Ludwig, weil sie den Beamten fast erreicht hatten.

»Bonjour, monsieur!« Rolfs Vater bemühte sich, möglichst freundlich und entspannt zu klingen. So als würden er und sein Sohn nur für ein Wochenende aufs Land reisen wollen, um sich dort ein wenig vom anstrengenden Stadtleben zu erholen.

Der Polizist nickte Ludwig wortlos zu und streckte die Hand nach ihren Papieren aus. Er sah nicht aus, als würde er seinen Beruf mit großer Begeisterung ausüben. Rolf hielt das für ein gutes Omen. Dann würde er vielleicht auch nicht ganz so genau auf ihre gefälschten Reisedokumente schauen. Tat er auch nicht, weil er sich viel mehr für Adi als für Rolf und Ludwig interessierte. Mit ihren Ausweisen in der Hand ging der Mann in die Knie, um den Terrier zu streicheln. Adi sprang begeistert an dem Hundefreund hoch und versuchte, ihm das Gesicht abzulecken. Den Polizist schien das nicht zu stören. Im Gegenteil, er lachte und hielt den Terrier an den Vorderpfoten fest, um ihn ein wenig auf Abstand zu halten.

»Hör auf damit, Adi! Arrête!«, befahl Rolf.

»Adi? Wie Adolf?«, fragte der Polizist auf Französisch. Er ließ die Pfoten des Hundes los und erhob sich langsam.

Rolf nickte, während Ludwig den Kopf schüttelte. Es gab eine Fifty-fifty-Chance auf die richtige Antwort. Vielleicht gab es die auch gar nicht und sie waren sowieso geliefert, schoss es Rolf durch den Kopf. Ganz gleich, ob sie die Frage des Polizisten mit Ja oder Nein beantworteten.

Der Mann starrte sie ein paar Sekunden lang schweigend an, dann grinste er breit und gab ihnen augenzwinkernd ihre Papiere zurück, ohne auch nur einen Blick darauf geworfen zu haben.

Rolf nahm Adi schnell auf den Arm und murmelte »Merci«. Auch Ludwig bedankte sich und drängte seinen Sohn an der Sperre vorbei in Richtung des Bahnsteigs, auf dem ihr Zug bereits auf sie wartete.

»Hat der jetzt geglaubt, wir haben Adi so genannt, weil wir Hitler toll finden?«, fragte Rolf. »Oder weil wir uns über Hitler lustig machen wollten?«

»Weiß der Teufel«, erwiderte Ludwig. »Ist aber auch nicht wichtig. Hauptsache, wir sind durch. Lass uns einsteigen und dann nichts wie weg hier. Und dreh dich bloß nicht um!«

Rolf tat es trotzdem. Der Mann schaute ihnen nicht nach, sondern kontrollierte ohne großen Eifer die Ausweise anderer Reisender. Eine Frau mit drei Kindern winkte er einfach so durch, ohne nach ihren Papieren zu fragen. Wenn Zeit für eine Partie »Gut oder böse« gewesen wäre, hätte Rolf bei dem Beamten auf gut getippt und damit ganz bestimmt richtiggelegen. Da war Rolf sich ziemlich sicher.

Im Zug mussten Rolf und sein Vater erst einige Wagen durchqueren, bevor sie zwei freie Plätze fanden. In der Klasse, für die Ludwig Fahrkarten gekauft hatte, gab es keine Abteile mit gepolsterten Sitzen, sondern nur harte Holzbänke. Dafür waren die Fahrkarten viel billiger gewesen als in der ersten Klasse. Adi sprang auf Rolfs Schoß und Ludwig verstaute den Koffer, den Rucksack und seine Reiseschreibmaschine in der Gepäckablage über ihnen. Dann setzte sich der Zug auch schon in Bewegung und rollte langsam aus dem Bahnhof heraus.

»Soweit hätten wir es schon mal geschafft«, flüsterte Ludwig, als sie Marseille hinter sich gelassen hatten. Er legte seinem Sohn den Arm um die Schulter. Rolf war nicht ganz klar, ob sein Vater ihn damit beruhigen wollte oder sich selbst.

Obwohl Rolf sich eigentlich schon zu alt für eine öffentliche Umarmung fühlte, genoss er die Nähe zu seinem Vater und schob den Arm erst weg, als es ihm zu warm wurde. In dem Wagen war es stickig heiß. Der kühle

Wind, der Rolf am Strand noch hatte frösteln lassen, hatte sich gelegt. Jetzt brannte die Frühlingssonne auf das Dach des Zuges, in dem es auch nicht besonders gut roch. Die meisten der Passagiere waren Bauern, die zum Markt in die Stadt gekommen und jetzt auf dem Weg nach Hause waren. Einer von ihnen, ein alter Mann, führte eine Ziege an einem Strick, so als wäre es ein Hund. Andere hatten Holzkäfige unter ihre Sitzbänke geschoben, in denen braune Hühner gackerten. Die Männer und Frauen unterhielten sich laut, aber Rolf verstand kein Wort, weil sie einen fremden Dialekt sprachen.

Rolf hielt seine Nase in die frische Luft, die durch die geöffneten Fenster in den Wagen strömte, und presste Adi fest an sich. Er hatte Angst, dass sein Terrier auf die Ziege oder die Hühner losgehen könnte. Aber Adi waren die anderen Tiere genauso egal wie der Ausblick aus dem Zugfenster. Er versteckte seine empfindliche Nase unter Rolfs Jacke und rollte sich auf Rolfs Beinen zusammen, um zu schlafen.

»Adi hat es eindeutig bequemer als wir.« Ludwig rutschte auf der harten Holzbank hin und her, weil ihm der Hintern wehtat.

»Wie lange fahren wir denn überhaupt?«, wollte Rolf wissen.

»Ein paar Stunden werden wir schon unterwegs sein«, erwiderte Ludwig. »Schlaf am besten auch ein bisschen oder genieß die Landschaft.«

Rolf schaute aus dem Fenster, doch da gab es nicht viel zu sehen. Die meiste Zeit fuhren sie an Feldern vorbei, die nur ab und zu von kleinen Ortschaften unterbrochen wurden. Aber auch die boten nicht viel Abwechslung, weil sie für Rolf alle gleich aussahen.

»Sind die eigentlich hoch?«, fragte Rolf.

»Wer?«, fragte Ludwig zurück.

»Die Pyrenäen! Über die wir rübermüssen.«

»Keine Ahnung, ich war noch nie da«, antwortete Ludwig. »Die Alpen sind auf jeden Fall höher, glaube ich.«

Rolf starrte wieder aus dem Fenster und hielt Ausschau nach den Bergen. Doch außer ein paar flachen Hügeln konnte er nichts entdecken, und das bedeutete, dass sie wirklich noch eine ganze Weile unterwegs sein würden.

Adi war auf Rolfs Schoß eingeschlafen und zuckte immer wieder mit seinen Hinterbeinen, als würde er im Traum einem Kaninchen hinterherjagen. Rolf streichelte dem Terrier beruhigend über das Fell. Er hätte jetzt gerne in seinem Buch gelesen, aber um an den Rucksack zu kommen, hätte er Adi wecken müssen. Also ließ er den *35. Mai*, wo er war, und schaute stattdessen weiter aus dem Fenster.

Kurz darauf war er eingeschlafen. Er träumte von einem hohen Berg, den er hinaufklettern musste. Sein Vater und Adi hingen an einem Seil unter ihm in der steilen Felswand. Sie hatten gerade erst die Hälfte des Aufstiegs geschafft und das Gipfelkreuz über ihm schien noch endlos weit entfernt. Rolfs Füße standen auf einem schmalen Vorsprung. Mit der Hand tastete er über den glatten Stein auf der Suche nach einem Spalt, in den er seine Finger zwängen konnte, um sich weiter nach oben zu ziehen. Er spürte den Zug des Seiles, das um seine Hüften geschlungen war und an dessen Ende sein Vater hin- und herschwang.

Ob sie gemeinsam abstürzen oder den Gipfel erreichen würden, hing ganz allein von ihm ab. Rolf hatte gerade mit seinen Fingerspitzen einen neuen Halt gefunden, als er in seinem Rücken einen Schatten spürte. Rolf drehte sich um und sah einen Adler, der mit ausgestreckten Fängen direkt auf ihn zuflog.

»Wach auf!« Ludwig rüttelte seinen Sohn sanft an der Schulter.

»Was ist denn?« Rolf blickte sich verwirrt um. Es dauerte eine Sekunde, bevor er begriff, dass er nicht mehr in einer Felswand hing, sondern in einem Wagen der französischen Eisenbahn saß.

»Kontrolle!« Ludwig zeigte auf zwei französische Polizisten. Sie stritten sich mit dem Bauern, der die Ziege mit in den Zug genommen hatte.

»Vielleicht hat sie keinen Ausweis«, flüsterte Rolf.

»Wer?«, fragte Ludwig.

»Na, die Ziege«, erklärte Rolf.

»Sehr komisch«, erwiderte Ludwig.

Einer der Beamten stieß das Tier grob zur Seite, weil er in dem schmalen Gang mehr Platz haben wollte. Vor Angst schiss die Ziege auf den Boden des Wagens. Der Polizist konnte gerade noch seine Füße wegziehen, sonst wären die kararmellfarbenen Kügelchen direkt auf seinen polierten Stiefeln gelandet.

Die Beamten und der Ziegenbesitzer schrien sich gegenseitig an. Rolf verstand nicht, worum es ging, aber plötzlich holte einer der Polizisten aus und schlug dem Bauern mit der Faust ins Gesicht. Die anderen Reisenden taten so, als hätten sie nichts davon mitbekommen, obwohl es jeder gesehen hatte. Auch Ludwig und Rolf griffen nicht ein, sondern blieben schweigend und beschämt auf ihren Plätzen sitzen. Der Alte nahm ein rotes Tuch, das er um den Hals gebunden hatte, kniete sich auf den Boden und wischte damit die Kügelchen seiner Ziege auf. Dann warf er alles zusammen durch das offene Fenster nach draußen. Als er fertig war, wollten die Beamten seine Papiere sehen. Der Bauer gab ihnen seinen zerfledderten Ausweis, den die Polizisten sorgfältig prüften, bevor sie ihn zurückgaben, um sich die Pässe der anderen Reisenden zeigen zu lassen. Auch hier nahmen sie sich viel Zeit, um die Gültigkeit der Papiere zu kontrollieren.

»Die sind aber ganz schön gründlich«, murmelte Ludwig besorgt.

»Wahrscheinlich Nazis«, entgegnete Rolf leise.

»Hoffen wir es nicht«, flüsterte Ludwig. »Bleib ganz ruhig und nenn bloß nicht Adis Namen. So viel Glück haben wir nicht zwei Mal. Und besser kein Wort Deutsch. Am besten sagst du gar nichts. Verstanden?«

»Ich bin ja nicht blöd.«

»Dann ist ja gut.«

Die Beamten hatten die Überprüfung der Sitzreihe vor ihnen abgeschlossen und wandten sich Rolf und Ludwig zu.

»Passeport!«, forderte einer der beiden.

Rolfs Vater griff in seine Jackettasche und reichte dem Beamten ihre Pässe und die gefälschte Reisegenehmigung, die Anna ihm im Café kurz vor der Razzia gegeben hatte.

Adi fletschte seine Zähne, weil ihm die Kontrolle zu

lange dauerte. Oder weil er das Gefühl hatte, dass die beiden Männer Ludwig und Rolf bedrohten. Rolf bemühte sich wortlos, seinen Hund zu beruhigen. Der Mann, der ihre Reisegenehmigung kontrollierte, hob den Blick und warf Adi einen warnenden Blick zu. Sein Kollege griff mit der rechten Hand an die Pistole, die er in einem Holster am Gürtel trug. Rolf umklammerte fest Adis Schnauze, sodass der Terrier nur noch mit geschlossenem Maul knurren konnte.

»Er verträgt das Zugfahren nicht«, sagte Ludwig auf Französisch und lächelte die Beamten an. »Sonst ist er eigentlich ganz friedlich.«

Die beiden Männer sagten kein Wort und erwiderten auch sein Lächeln nicht. Sie beugten sich beide über die Papiere, die Ludwig ihnen gegeben hatte. Für Rolf sah es aus, als hätten sie irgendetwas Verdächtiges entdeckt, irgendetwas, das nicht stimmte und ihr Misstrauen erregte. Die beiden flüsterten miteinander, so leise, dass Ludwig und Rolf nicht verstehen konnten, was die Männer sagten. Rolf spürte, wie angespannt sein Vater neben ihm war. Er hatte die Hände auf die Oberschenkel gepresst, damit die Polizisten nicht sahen, wie sehr sie zitterten. Rolf blickte sich nach einer Fluchtmöglichkeit um. Aber die gab es nicht, nur das geöffnete Fenster, durch das sie sich bei voller Fahrt ins Freie hätten stürzen können. Doch das wäre ihr sicherer Tod gewesen, und außerdem bezweifelte Rolf, dass sein Vater mit seinem dicken Bauch überhaupt hindurchgepasst hätte.

Sie waren den beiden Polizisten ausgeliefert. Die Männer besaßen Pistolen und sie nur eine Schreibmaschine und einen Hund, der zwar manchmal knurrte, aber in seinem ganzen Leben noch nie jemanden gebissen hatte.

»Merci et bon voyage«, sagte der Beamte plötzlich und reichte Ludwig die Papiere zurück.

»Merci!« Ludwig bemühte sich, sich seine Erleichterung nicht allzu sehr anmerken zu lassen.

Aber entweder bemerkten die Beamten seine Anspannung nicht, oder sie waren es gewohnt, dass die Menschen in ihrer Gegenwart nervös waren. Die beiden drehten Ludwig und Rolf den Rücken zu, um die Papiere der anderen Mitreisenden zu kontrollieren.

»Da haben wir aber noch mal kapitales Glück gehabt, Paps«, sagte Rolf erleichtert, als die Polizisten den Wagen verlassen hatten.

»Ach was«, widersprach Ludwig. »Ich habe doch gesagt, Anna ist eine große Künstlerin.«

»Und warum bist du dann so nervös geworden?«

»Bin ich doch gar nicht.«

»Bist du wohl.«

»Bin ich nicht!«

Rolf zuckte mit den Schultern, als wäre es nicht so wichtig. Dann stand er auf und ging mit Adi auf dem Arm zu dem Mann mit der Ziege. Er gab dem Bauern wortlos sein Taschentuch, weil der Alte immer noch an der Lippe blutete.

»Merci«, murmelte der Mann überrascht.

»De rien, keine Ursache«, antwortete Rolf und ging zurück zu seinem Platz. Die anderen Reisenden hatten die Szene schweigend verfolgt. Erst jetzt war aus ihren Mündern ein wohlwollendes Murmeln zu hören.

»Gut gemacht, aber jetzt hast du keines mehr«, sagte Ludwig, als sich Rolf mit Adi wieder auf seinen Platz setzte.

»Macht nichts«, erwiderte Rolf. »Bald sind wir in New York, da kriege ich doch sicher ein neues. In Amerika gibt es einfach alles, hat Mama mal geschrieben.«

Den Rest der Zugfahrt gab es keine Kontrollen mehr. Dafür leerte sich der Zug, je weiter sie sich von Marseille entfernten. Ludwig und Rolf konnten schon bald ihre Beine auf die gegenüberliegende Holzbank ausstrecken. Manchmal sahen sie links der Gleise das Meer, aber die meiste Zeit führte die Bahnstrecke durch das Hinterland, wo es nur Felder und Dörfer und Dörfer und Felder gab.

Sie waren schon einige Stunden unterwegs, als Rolf in der Ferne einen mit Schnee bedeckten Gipfel entdeckte. Er gehörte zu einem Gebirgszug, der sich über den ganzen Horizont erstreckte.

»Sind das da die Pyrenäen?«, fragte Rolf.

»Sieht ganz so aus«, erwiderte sein Vater.

»Da liegt ja sogar noch Schnee.«

»Aber nicht dort, wo wir sie überqueren«, erklärte Ludwig. »Wir gehen direkt am Meer über die Pyrenäen. Da sind die Berge niedriger und Schnee gibt es da bestimmt keinen mehr.«

»Wie hoch sind die denn da?«

»Willst du eine ehrliche Antwort?«

»Ich bitte darum.«

»Ich habe nicht die geringste Ahnung«, erwiderte Ludwig. »Lass dich überraschen. Ich tu's doch auch.«

Je näher sie den Pyrenäen kamen, desto größer wurden die Berge, die sich vor ihnen auftürmten. Rolf wurde etwas mulmig, weil er an seinen Traum denken musste. Erst auf den letzten Kilometern vor der Grenze bogen die Gleise wieder Richtung Meer ab. Die schneebedeckten Gipfel entfernten sich und die Berge verloren ihre bedrohliche Höhe.

»Das wird ein Spaziergang, sag ich doch.« Ludwig schaute aus dem Fenster. Die Landschaft zog jetzt langsamer an ihnen vorbei, weil der Zug sein Tempo verringerte. »Und jetzt schnapp dir Adi, ich glaube, wir sind da.«

»Wie heißt das Kaff?« Rolf und Ludwig standen in der Abenddämmerung mit Adi und ihrem Gepäck auf dem schmalen Bahnsteig.

»Banyuls-sur-Mer«, antwortete Ludwig und zeigte auf ein Schild. »Steht doch da.«

»Berlin ist das nicht gerade.« Rolf deutete auf die kleinen Häuser des verschlafenen Grenzstädtchens, in dem sie gelandet waren.

»Das ist nicht mal Köln. Aber wir bleiben ja nicht lange«, erwiderte Ludwig.

»Immerhin gibt es einen Strand«, bemerkte Rolf. »Wenn der Ort schon Banyuls-sur-Mer heißt, gibt es hier doch sicher einen Strand.«

»Ich befürchte, diesmal werden wir keine Zeit zum Baden haben. Komm, ich habe eine Adresse. Da sollen wir uns melden, nachdem wir uns ein Hotelzimmer genommen haben.«

Streit um Adi

Rolf und Ludwig hatten erwartet, dass man sie beim Verlassen des Bahnsteigs erneut kontrollieren würde. Aber das Wachhäuschen war unbesetzt.

»Die Zöllner haben bestimmt schon Feierabend«, vermutete Rolf.

»Oder ihre Frauen haben sie nach Hause gerufen, weil das Abendessen fertig ist«, tippte Ludwig, weil er selbst schrecklichen Hunger hatte.

Außer dem halben Baguette und dem Käse aus Rolfs Rucksack hatten sie seit dem Frühstück nichts mehr gegessen. Mit knurrendem Magen verließen die beiden den Bahnhof und liefen die Straße hinunter, die in die Stadt führte. Gleich rechts lag ein kleines Hotel. Unter falschem Namen bezahlte Rolfs Vater ihr Zimmer gleich für eine ganze Woche, obwohl sie es nur eine Nacht benötigten. Er wollte keinen Verdacht erregen und trug als Grund für ihre Reise in das Anmeldeformular »Urlaub« ein.

»Unsere Pässe bringe ich dann gleich morgen früh vorbei. Die sind ganz tief unten in den Koffern vergraben«, erklärte Ludwig auf Französisch und schob das Formular über den Tresen.

Der Portier legte das Blatt ungelesen in eine Kladde und griff zu einem Roman, der aufgeschlagen vor ihm auf dem Schreibtisch lag. Es war eine französische Ausgabe von Erich Kästners Roman *Fabian*.

»Das ist bestimmt einer von den Guten«, flüsterte Rolf, als sie die Treppe zu ihrem Zimmer hinaufstiegen.

»Ein sehr Guter sogar«, brummte sein Vater leise. »Die Miete für die ganze Woche hätten wir uns sparen können.«

Die beiden stellten ihr Gepäck ab und machten sich auf den Weg zu der Adresse, bei der sie sich melden sollten. Ihre erfolglose Suche führte sie bis zum Strand, der viel größer war als der schmale Sandstreifen in Marseille. Adi tobte ausgelassen über den Sand und verbellte ein paar Krebse, die in der Dämmerung an Land kamen und direkt auf ihn zukrochen.

Rolf bedauerte es, nicht kurz ins Meer springen zu können. Doch dafür war keine Zeit. Die Sonne war schon fast untergegangen, und wenn sie die Adresse nicht fanden, bevor es dunkel wurde, würde es noch schwerer werden.

»Wir sollten jemanden fragen, Paps«, schlug Rolf vor.

»Wie stellst du dir das vor? Das ist viel zu gefährlich«, widersprach Ludwig.

»Aber anders finden wir das Haus doch nie«, beharrte Rolf. »Und außerdem ist es ja auch nicht gerade unverdächtig, wenn wir hier die ganze Zeit ziellos durch die Gassen rumlaufen. In dem Dorf hier kennt doch bestimmt jeder jeden.«

Ludwig atmete einmal tief durch und deutete auf einen Fischer, der am Strand saß und seine Netze flickte.

»Gut oder böse?«

»Gut«, sagte Rolf.

»Sicher?«

»Nein, nur so ein Bauchgefühl.«

»Hoffen wir mal, dass dein Bauch recht hat.« Ludwig ging auf den Mann zu, um ihn nach dem Weg zu fragen. Sicherheitshalber nannte er dem Fischer die richtige Straße, aber eine falsche Hausnummer. Doch der Alte schaute kaum von seiner Arbeit auf, als er Ludwig den Weg wies.

»Da vorne, das muss es sein!« Rolf zeigte auf ein altes Steinhaus, das am Ende einer kurzen Straße lag.

»Das wurde auch Zeit«, brummte Ludwig. »Mir tun schon die Beine weh.«

»Von den paar Metern?«

»Meine sind halt schon ein bisschen älter als deine.«

»Und mehr zu schleppen haben sie auch«, stichelte Rolf.

»Sei nicht so frech.« Ludwig strich seinem Sohn grinsend die Haare glatt. »Und jetzt benimm dich ein bisschen, wir wollen bei den Leuten schließlich einen guten Eindruck machen.«

Sie standen jetzt direkt vor der Tür. Hinter einem Fenster brannte Licht und aus der Küche war das Klappern von Tellern zu hören.

»Und wenn das eine Falle ist?«, fragte Rolf plötzlich. »Wenn dahinter schon die Polizei auf uns wartet?«

»Dann wäre das eine ziemlich blöde Falle«, erwiderte

Ludwig. »Warum sollten die uns durch halb Frankreich hetzen, um uns dann hier, irgendwo am Ende der Welt, festzunehmen. Das hätten die in Marseille leichter haben können.«

»Stimmt auch wieder«, gab Rolf zu.

Seit Berlin waren sie auf ihrer Flucht schon öfters in Situationen geraten, in denen sie auf die Hilfe Fremder angewiesen waren. Jedes Mal war Rolf nicht wohl bei dem Gedanken, sich Menschen anzuvertrauen, denen sie nie zuvor begegnet waren.

»Wir haben doch sowieso keine andere Wahl.« Ludwig hob den Arm, um anzuklopfen. Doch noch bevor seine Knöchel das Holz berührten, ging die Tür auf. Eine Frau stand vor ihnen und lächelte sie freundlich an.

»Ihr müsst Ludwig und Rolf sein, stimmt's?! Mein Name ist Lotte. Theo und ich haben schon auf euch gewartet. Kommt doch rein, was steht ihr denn so lange vor der Tür rum? Habt ihr Hunger? Bestimmt habt ihr Hunger!«

Eine Minute später saßen Rolf und Ludwig an einem Küchentisch und aßen die beste Fischsuppe, die sie jemals gekostet hatten. Lotte und ihr Mann Theo hockten den beiden gegenüber und beobachteten amüsiert, wie gierig Vater und Sohn ihre tiefen Teller mit weißem Brot auswischten.

»Esst euch satt, wir haben genug davon«, sagte Theo. »Hier auf dem Land ist die Versorgung besser als in der Stadt und Fisch gibt es im Meer sowieso mehr als genug.«

»Schmeckt es euch denn?«, fragte Lotte.

Rolf und Ludwig nickten nur dankbar, weil sie den

Mund voll hatten. Nur Adi, der unter dem Tisch an einem großen Knochen nagte, kümmerte sich nicht um gute Manieren und kläffte anerkennend.

»Das freut mich.« Lotte lachte und füllte eine zweite Portion in die Teller.

Sie und auch Theo waren jünger als Ludwig. Sie stammten aus Österreich, das hatten sie Rolf und seinem Vater während des Essens erzählt. Nach dem begeisterten Empfang, den ihre Landsleute Hitler in Wien bereitet hatten, waren sie in den Widerstand gegangen. Dann aber hatte man sie verraten und den beiden war in letzter Sekunde die Flucht gelungen. Irgendwann waren sie in Banyuls-sur-Mer gelandet und hatten dieses Haus gemietet, um von hier aus anderen Flüchtlingen über die Grenze auf die sichere Seite der Pyrenäen zu helfen.

»Bringt ihr beiden uns nach Spanien?«, fragte Ludwig, als er auch noch einen dritten Teller Suppe gegessen hatte.

»Nein, aber wir haben gute Kontakte zu Einheimischen, denen wir vertrauen. Die helfen uns.« Lotte stand auf und räumte die leeren Teller vom Tisch.

»Einige jedenfalls«, präzisierte Theo und schenkte Ludwig ein Glas Wein ein.

»Ist es weit?«, erkundigte sich Rolf.

»Nicht sehr, in knapp vier Stunden habt ihr die höchste Stelle erreicht. Da seid ihr dann schon in Spanien. Von dort aus geht es nur noch steil bergab, und zwei Stunden später seid ihr auch schon in Portbou, das ist der erste Ort hinter der Grenze«, antwortete Theo. »Zumindest wenn alles gut geht.«

»Was kann denn nicht gut gehen?«, fragte Rolf.

Keiner der drei Erwachsenen antwortete ihm. Lotte sah zum Fenster hinaus, Ludwig trank einen Schluck Wein, und Theo goss sich selbst noch einmal nach.

»Sieht ganz so aus, als würde es morgen regnen. Wird auch höchste Zeit, hier hat es ewig nicht geregnet.« Lotte wandte sich wieder dem Tisch zu. »Ihr dürft nur leichtes Gepäck mitnehmen. Keine Koffer, keine Rucksäcke. Damit fallt ihr nur auf.«

»Und was passiert mit unseren Sachen?«, wollte Ludwig wissen. »Und mit meiner Schreibmaschine?«

»Die schicken wir euch nach, sobald wie möglich. Das kann aber dauern. Am besten nehmt ihr einfach nur eine Umhängetasche mit, dann seht ihr aus wie Bauern, die zu ihren Weinbergen gehen«, erklärte Theo.

»Wir haben keine Umhängetasche«, bemerkte Ludwig.

»Keine Sorge, ihr kriegt welche von uns und auch noch ein paar Espadrilles«, ergänzte Lotte.

»Espawas?« Rolf sah Lotte verständnislos an.

Theo hob das Bein, damit Rolf und sein Vater die Schuhe sehen konnten, die er an den Füßen trug. Die Sohle war aus geknüpftem Flachs und der Schaft aus dunkelblauer Baumwolle.

»Das tragen hier alle«, erklärte Lotte. »Die sind sehr bequem.«

Rolf und Ludwig wechselten einen kurzen Blick. Sie konnten sich beide nicht vorstellen, in solchen Schuhen die Pyrenäen zu überqueren.

»Und wer zeigt uns den Weg, wenn ihr uns nicht bringt?«, wollte Ludwig wissen.

»Manuel wird euch führen. Er wartet schon draußen.«

Lotte wandte sich zur Tür und rief laut. »Manuel, komm bitte rein.«

Die Küchentür ging auf und ein Junge betrat das Zimmer. Er war ungefähr so alt wie er selbst, schätzte Rolf. Der Junge trug eine löchrige Hose und eine Jacke, die auch schon mehrfach geflickt worden war. Seine ernsten, schwarzen Augen erwiderten Rolfs Blick, der ertappt wegschaute und Adi ein Zeichen machte, zu ihm auf den Schoß zu springen. Nur widerwillig ließ der Terrier seinen Knochen im Stich und kletterte auf Rolfs Beine.

»Aber das ist doch noch ein Kind?«, entfuhr es Ludwig, der mit einem älteren und erfahreneren Führer gerechnet hatte.

»Das ist ja das Gute. Manuel ist viel unverdächtiger, als wenn wir da oben mit euch rumspazieren würden«, erwiderte Theo. »Und er kennt sich in den Bergen aus wie kein anderer. Er hütete dort die Ziegen seiner Tante und seines Onkels.«

»Aber schafft er die Strecke überhaupt?« Ludwig war immer noch skeptisch.

»Bei Manuel mache ich mir da keine Sorgen«, antwortete Lotte lachend und blickte dabei auf Ludwigs Bauch. Rolfs Vater wurde rot und zog die Hand zurück, mit der er gerade nach einem Stück Brot auf dem Tisch greifen wollte.

»Keine Sorge, Manuel hat schon eine ganze Menge von uns auf die andere Seite gebracht«, ergänzte Theo. »Außerdem spricht er Deutsch. Er hat es von den Genossen gelernt, die er schon in die Freiheit geführt hat.«

»Wirklich?«, fragte Rolf ungläubig.

»Haben Männer mir beigebracht, die ich gebracht über Berge«, sagte Manuel.

»Er lernt unglaublich schnell«, schwärmte Lotte. »Dabei war er noch nie auf einer Schule. Eine Schande ist das.«

»Kommt Hund mit?« Manuel zeigte auf Adi, der immer noch auf Rolfs Knien saß.

»Ja klar, was denkst du denn?«, entgegnete Rolf.

»Ich denke, nein. Hund zu gefährlich«, sagte Manuel.

»Adi ist nicht gefährlich«, rief Rolf. »Der ist ...«

»Was ist, wenn der Hund im falschen Moment kläfft«, unterbrach ihn Theo. »Was ist, wenn er euch alle verrät?«

»Adi kläfft aber nicht im falschen Moment«, erwiderte Rolf trotzig. »Nicht wahr, Adi?«

Als hätte er verstanden, dass gerade über ihn geredet wurde, fing Adi an zu bellen. Die Erwachsenen sahen sich besorgt an. Nur der Hirtenjunge grinste zufrieden, weil das Kläffen seine Warnung bestätigt hatte.

»Sei doch still, Adi! Bitte!«, beschwor Rolf seinen Terrier.

Doch Adi kläffte immer weiter. Er hielt das Ganze für ein neues Spiel, dessen Regeln er zwar nicht verstand, das er aber unbedingt weiterspielen wollte.

Theo sah Ludwig eindringlich an und schüttelte unmerklich den Kopf, während der Terrier immer lauter bellte. Ludwig erwiderte Theos Blick und nickte traurig.

»Ich befürchte, Sie haben recht.« Rolfs Vater hatte dreimal schlucken müssen, bevor er sprechen konnte. »Wenn er plötzlich anfängt zu bellen, so wie jetzt, dann bringt er uns alle in Gefahr. Das können wir nicht riskieren.«

»Wir werden uns um ihn kümmern. Ich habe mir schon immer einen Hund gewünscht.« Lotte ging auf Rolf zu, um ihn in den Arm zu nehmen. Rolf stieß sie von sich und schrie: »Aber ich habe es Mama versprochen! Ich habe ihr versprochen, Adi nach New York zu bringen.«

»Und ich habe ihr versprochen, dass ich dich heil zu ihr bringe. Das ist jetzt wichtiger«, erklärte Ludwig entschieden.

»Du hast aber auch gesagt, von drei Dingen werden wir uns niemals trennen: von deiner Schreibmaschine, von Adi und unserer Ehre!« Rolf konnte es einfach nicht fassen, dass sein Terrier ihn nicht begleiten sollte.

»Ich lasse meine Schreibmaschine doch auch zurück«, entgegnete Ludwig. »Meinst du, das fällt mir leicht?!«

»Aber das ist doch nur eine Maschine! Das kannst du doch gar nicht vergleichen!«, brüllte Rolf.

»Dein Hund wird es gut bei uns haben. Das kannst du mir glauben«, versuchte Theo zu vermitteln.

»Ich gehe aber nicht ohne Adi!«, schrie Rolf.

»Der Hund bleibt hier! Verstehst du denn nicht? Es ist zu gefährlich!« Jetzt war es Ludwig, der brüllte.

Rolf starrte seinen Vater an, dann schnappte er sich den Terrier und rannte aus dem Zimmer.

Ludwig sprang auf, um ihm nachzulaufen, aber Lotte hielt ihn zurück.

»Lass ihm ein bisschen Zeit, um sich an den Gedanken zu gewöhnen. Ihr zwei habt es zusammen bis hierher geschafft, da schafft ihr den Rest auch noch.«

»Er wird sich schon wieder beruhigen«, bekräftigte Theo.

»Hoffentlich.« Ludwig seufzte und setzte sich wieder auf den Stuhl.

Manuel hatte die ganze Szene schweigend verfolgt, und nur ein leichter spöttischer Zug um seine Lippen verriet, wie albern er den Streit um einen Hund hielt, der so klein war, dass er nicht mal zum Schafehüten taugte.

»Mein Geld bitte jetzt.« Der Hirtenjunge streckte seine Hand aus.

Ludwig sah Theo und Lotte fragend an. Erst als die beiden ihm zunickten, griff er in die Tasche seines Anzugs und gab dem Jungen ein dünnes Geldbündel. Keiner sagte ein Wort, als Manuel sorgfältig die Scheine zählte.

»Kennt ihr den schon?«, versuchte Ludwig die angespannte Stille mit einem Witz zu vertreiben. »Hitler trifft einen Wahrsager und fragt: ›Wann werde ich sterben?‹ Sagt der Wahrsager: ›An einem Feiertag.‹ Fragt Hitler weiter: ›Aber an welchem?‹ Antwortet der Wahrsager: ›Ganz egal, wenn Sie sterben, wird es auf jeden Fall ein Feiertag sein.‹«

»Auf den Tag freue ich mich auch schon«, sagte Lotte.

Sie und Theo lachten laut, und auch Manuel, der bis jetzt ganz ernst gewesen war, verzog seinen Mund zu einem Lächeln.

»Manuel lebt bei seiner Tante und seinem Onkel hier im Ort«, erklärte Lotte. »Das Geld hilft ihnen, über die Runden zu kommen.«

»Und wo sind deine Eltern?«, fragte Ludwig.

»Haben im Bürgerkrieg in Spanien gekämpft. Gegen Faschisten. Beide tot. Erschossen«, erwiderte Manuel wieder ganz ernst.

»Oh, das tut mir leid«, murmelte Rolfs Vater.

»Um sechs vor Hotel. Pünktlich und unauffällig.« Manuel steckte die Geldscheine in seine Tasche, hob die Hand zu einem Abschiedsgruß, drehte sich um und ging.

Ludwig blickte ihm nach, auch als die Tür hinter dem Hirtenjungen bereits ins Schloss gefallen war. Dann wandte er sich an Lotte und Theo.

»Besser ist, ich geh jetzt mal gucken, wo Rolf steckt.«

»Ihr könnt uns den Hund morgen ganz früh vorbeibringen«, sagte Theo, als er Ludwig zur Tür brachte. »Bevor ihr aufbrecht, dann hat der Junge die Nacht noch zum Abschiednehmen.«

»Danke. Für alles.« Ludwig war schon ein paar Meter gegangen, dann drehte er sich noch einmal zu Theo um. »Was könnte denn nicht gut gehen?«

»Seit Kurzem sind hin und wieder auch deutsche Patrouillen in den Bergen unterwegs«, erklärte Theo.

»Deutsche?«

»Sie haben die Sache selbst in die Hand genommen, weil sie den Franzosen nicht trauen«, antwortete Theo. »Also passt gut auf euch auf. Viel Glück!«

Ludwig suchte seinen Sohn am Bahnhof und am Strand, fand ihn aber erst in ihrem Hotelzimmer. Rolf lag mit Adi auf dem Bett und weinte. Das weiße Fell des Terriers glänzte feucht von Rolfs Tränen, weil der Junge sein Gesicht in Adis Fell vergraben hatte. Als Ludwig das Zimmer betrat, hob Rolf den Kopf und starrte seinen Vater mit einer Mischung aus Trotz, Wut und Trauer an. Adi warf Ludwig einen verständnislosen Blick zu, weil er nicht verstand, warum sein Herrchen so traurig war. Dann drehte er sich um und versuchte, Rolf die Tränen von den Wangen zu lecken.

Rolfs Vater atmete tief durch und sah sich in dem Hotelzimmer um, das viel einfacher eingerichtet war als ihre Unterkunft in Marseille. »Warte nur, bis wir in New York sind. Da haben wir es bequemer.«

Rolf schwieg und drückte den Terrier noch fester an sich.

»Das ist ja eine Riesenstadt. Viel größer noch als Berlin. Die Häuser dort kitzeln den Wolken die Bäuche, die ragen bis in den Himmel hinein. Das ist kein Ort für einen Hund. Glaub mir, hier auf dem Land wird sich Adi viel wohler fühlen.«

»Adi ist ein Stadthund. Der hat sich auch in Berlin wohlgefühlt. Dem ist hier viel zu viel Natur«, schniefte Rolf.

»Mach es mir doch nicht so schwer! Wir können ihn nicht mitnehmen, versteh doch. Es ist zu gefährlich. Für uns alle.«

Rolf schwieg wieder und starrte seinen Vater einfach nur an.

»Glaubst du etwa, ich lasse Adi gerne zurück?« Ludwig griff in den Beutel, den Lotte ihm zum Abschied geschenkt hatte, und holte ein paar Espadrilles in Rolfs Größe heraus. »Die Schuhe hat Lotte mir für dich mitgegeben. Sehen doch schick aus, oder?«

Wieder erhielt er keine Antwort.

»Verstehe, du willst also nicht mit mir reden. Auch gut. Ich habe sowieso noch einiges zu erledigen, bevor wir morgen früh aufbrechen.«

Ludwig ging zu ihrem Koffer und kramte aus seinem Kulturbeutel eine gebrauchte Tube Zahnpasta hervor. Dann griff er nach einem kleinen Beutel aus schwarzem Samt, der zwischen seiner Unterwäsche lag. Rolf verfolgte alle Bewegungen, ohne ein Wort zu sagen. Ludwig setzte sich auf die Bettkante und öffnete vorsichtig den Falz am Ende der Tube.

»Was machst du da?«, fragte Rolf neugierig.

»Du kannst ja doch noch sprechen. Wie beruhigend.«

Ludwig schüttelte aus dem Samtbeutel einen kleinen Diamanten auf die Bettdecke.

»Das ist keine Antwort auf meine Frage«, beharrte Rolf.

»Ich bringe unsere letzte Reserve in Sicherheit. Der Diamant hier ist so ziemlich das Einzige von Wert, was wir noch besitzen. Wir werden ihn in Spanien verkaufen müssen, und deswegen wäre es gut, wenn er dort auch zusammen mit uns ankommt.«

Ludwig steckte den Diamanten von hinten in die Zahnpastatube und verschloss den Falz wieder so sauber, als wäre er nie geöffnet worden. Dann sah er seinen Sohn an.

»Versprichst du mir was?«

»Was?«, fragte Rolf misstrauisch.

»Du darfst niemandem etwas von diesem Versteck verraten. Wirklich niemandem! Hast du verstanden?!«

»Ja.«

»Schwör es!«

»Ich verrat es schon nicht. Aber was wird jetzt aus Adi?«

Rolfs Vater beugte sich zu seinem Sohn und schloss ihn in seine Arme.

»Wir bringen ihn morgen bei Lotte und Theo vorbei.«

Ludwig gab Rolf einen Kuss. »Noch bevor wir aufbrechen. Dort wird es ihm gut gehen. Aber wenn der Krieg vorbei ist, kommen wir wieder und holen ihn. Das verspreche ich dir!«

Auf den Berg

Rolf las im *35. Mai,* bis Ludwig eingeschlafen war. Als er endlich das Schnarchen seines Vaters hörte, wartete er noch weitere zehn Minuten, bevor er aufstand. Auf Zehenspitzen schlich Rolf zu ihrem Gepäck und holte den Cognac aus dem Koffer. Mit der Flasche in der Hand ging er zurück zum Bett und weckte Adi.

Der Terrier hob schläfrig den Kopf und blinzelte Rolf verschlafen an.

»Ich hab hier was Leckeres für dich, komm trink das. Das wird dir schmecken«, flüsterte Rolf und zog den Korken aus der Flasche.

Neugierig schnüffelte Adi, zuckte aber sofort zurück, als ihm der scharfe Geruch des Alkohols in die Nase stieg.

»Stell dich nicht so an, Papa trinkt das doch auch.« Rolf nahm einen winzigen Schluck. Angewidert verzog er das Gesicht und konnte nur mit Mühe ein Husten unterdrücken.

»Schmeckt doch gar nicht so schlecht«, schwindelte Rolf. »Bitte, Adi! Trink schon! Das ist kapital wichtig!«

Adi drehte den Kopf weg und versuchte, vom Bett zu springen. Rolf griff nach seinen Hinterbeinen und zog ihn wieder zu sich heran. Er musste sich Adi unter den Arm klemmen und ihm das Maul aufsperren, um dem Terrier den Alkohol einflößen zu können. Nach und nach gab Adi seinen Widerstand auf und begann gierig zu schlabbern. Immer wieder blickte Rolf zu seinem Vater hinüber. Einmal drehte sich Ludwig auf die Seite und murmelte »Katja«. Rolf hielt inne, doch sein Vater hatte den Namen nur im Schlaf gesprochen und schnarchte weiter. Adi stieß Rolf mit seiner Schnauze ungeduldig in die Seite, weil er mehr von dem Cognac wollte.

»Guter Hund«, lobte Rolf leise.

Als die Flasche leer war, versuchte der Terrier, mit seiner Zunge auch noch die letzten Tropfen zu erwischen. Dann drehte er sich dreimal im Kreis, fiel um und schlief auf der Stelle ein.

»Tut mir leid, Adi. Aber das musste sein.« Rolf strich dem Terrier über das Fell und stand auf, um alles für ihren morgigen Spaziergang vorzubereiten.

Als Ludwig aufwachte, saß Rolf schon angezogen und mit nassen Haaren auf der Bettkante.

»Ist es schon so weit?« Ludwig gähnte.

»Es ist schon fast zu spät. Steh auf«, erwiderte Rolf.

»Ich wünsche dir auch einen schönen guten Morgen«, brummte Ludwig und sah sich im Zimmer um. Ihr Koffer und die Reiseschreibmaschine standen gepackt neben der Tür, sodass Lotte und Theo sie später nur noch abzuholen brauchten.

»Ich habe schon alles vorbereitet.« Rolf zeigte auf die prall gefüllte Umhängetasche, die neben ihm auf dem Bett lag. »Wir können gleich los.«

»Wo ist Adi?«, fragte Ludwig.

»Ich war heute Morgen schon im Meer schwimmen.« Rolf griff sich in seine feuchten Haare. »Ich konnte nicht schlafen. Da habe ich Adi bei den Leuten abgegeben, die sich um ihn kümmern wollen. Die waren auch schon wach. Ich dachte, ich bringe es schnell hinter mich. Damit es später nicht so wehtut, Paps.«

Ludwig musste sich räuspern, bevor er antworten konnte.

»Ganz schön tapfer, mein Großer.« Rolfs Vater schwang die Beine aus dem Bett.

»Und beeil dich ein bisschen, der Junge wartet bestimmt schon auf uns«, drängte Rolf.

»Ist doch gerade erst kurz vor sechs.«

»Trotzdem! Der sah nicht so aus, als wenn der gerne warten würde. Am Ende geht der noch ohne uns.«

»Ich fand den eigentlich ganz nett.«

»Ich nicht«, erwiderte Rolf und hängte sich die Tasche über die Schulter.

»Was hast du denn alles drin?«, wollte Ludwig wissen.

»Einen dicken Pullover, wenn es in den Bergen kalt wird«, antwortete Rolf. »Für dich übrigens auch.«

»Sehr vorausschauend«, lobte Ludwig. »Genau wie deine Mutter. Katja hat auch immer alles genau geplant. Da musste man sich um nichts kümmern.«

»Vermisst du sie auch so?«

»Klar, was denkst du denn?« Rolfs Vater ging zum

Waschbecken und spritzte sich Wasser ins Gesicht. Dann drehte er sich zu seinem Sohn um. »Hast du dich überhaupt schon gewaschen?«

»Brauch ich nicht, ich war doch schon schwimmen.«

»Dann hoffe ich mal, dass das Meer sauber war. Nachdem du da drin warst, ist es das jetzt bestimmt nicht mehr«, erwiderte Ludwig und zog seinen Anzug an. »Und nun lass uns diese komischen Schuhe anziehen und dann nichts wie weg hier. Katja wartet schon viel zu lange auf uns.«

Von dem Portier war nichts zu sehen, als sich Rolf und Ludwig am Empfangstresen vorbeischlichen.

»Der schläft bestimmt noch«, flüsterte Ludwig.

Rolf nickte nur und presste die Umhängetasche dicht an seinen Körper, um nicht irgendwo anzustoßen.

»Soll ich die nicht lieber tragen?«, fragte Ludwig.

»Geht schon«, flüsterte Rolf. »Die ist nicht so schwer.«

»Aber sag Bescheid, wenn es dir zu viel wird.« Ludwig öffnete die Tür und hielt sie seinem Sohn auf.

Aus einem Hauseingang gegenüber erklang ein Pfiff. Es war Manuel, der sich dort verborgen hielt und sie über die menschenleere Straße zu sich winkte.

»Nicht auffallen, ich gesagt.« Manuel starrte Ludwig wütend an, ohne Rolf auch nur eines Blickes zu würdigen.

»Deswegen habe ich doch die Dinger hier an«, verteidigte sich Ludwig und zeigte auf die nagelneuen Espadrilles an seinen Füßen.

»Niemand trägt Anzug hier«, erklärte Manuel.

»Ich besitze nun mal nur Anzüge. Soll ich nackt gehen?«,

erwiderte Ludwig eingeschnappt. »Ich befürchte, das würde sogar noch ein kleines bisschen mehr auffallen.«

Manuel antwortete nicht, sondern schnaufte nur abfällig. Dann griff er in den Beutel, den er über der Schulter trug, und reichte Ludwig zwei Päckchen Zigaretten.

»Danke, sehr großzügig. Aber was soll ich damit? Rolf raucht nicht und ich nur Zigarren«, sagte Ludwig.

»Für Zöllner. Wir geben Zigaretten, sie lassen laufen uns«, erklärte Manuel.

»Und wenn nicht?«, fragte Rolf.

»Werden sie. Keine Angst«, antwortete Manuel.

»Ich habe keine Angst«, widersprach Rolf.

Manuel grinste und stupste mit dem Finger gegen Rolfs Tasche.

»Was in Beutel? Warum so dick?«

»Man sagt *Was ist in deinem Beutel*. Nicht *Was in Beutel*. Und außerdem heißt es korrekt: *Warum ist der so dick, wenn ich fragen darf?«* Rolf schob die Tasche auf seinen Rücken, sodass Manuel sie nicht mehr erreichen konnte.

»Rolf!« Ludwig warf seinem Sohn einen strengen Blick zu, aber der zuckte nur mit den Schultern. »Da sind dicke Pullover drin, falls uns kalt wird.«

»Wir laufen, da wird nicht kalt. Wo Hund?«

»Adi ist bei Lotte und Theo«, antwortete Rolf.

»Wer Adi?«

»Sein Hund«, erklärte Ludwig. »Rolf hat ihn den beiden heute Morgen vorbeigebracht.«

Manuel nickte zufrieden, drehte sich wortlos um und marschierte mit langen Schritten die Straße entlang, ohne sich ein einziges Mal nach den beiden umzusehen. Rolf tippte sich mit dem Finger an die Stirn und Ludwig atmete einmal tief durch. Dann liefen sie beide schnell dem Hirtenjungen hinterher.

Rolf, Ludwig und Manuel hatten das kleine Grenzstädtchen schon bald hinter sich gelassen und auch die Weinberge, die direkt hinter dem Ort an den Hängen lagen. Der breite Weg, der sie aus Banyuls-sur-Mer herausgeführt hatte, war in einen schmalen Pfad übergegangen, der sich langsam, aber stetig die Berge hinaufwand.

In der Ferne konnte Rolf die weißen Gipfel erkennen, die sie auch schon aus dem Zugfenster gesehen hatten. Der Bergrücken vor ihnen war schneefrei, aber immer noch hoch genug, um ihm und seinem Vater Respekt einzuflößen. Die höchste Erhebung, die Rolf jemals bestiegen hatte, war der große Müggelberg in Berlin gewesen, und das war nicht mehr als ein Maulwurfshügel verglichen mit den Pyrenäen, die vor ihnen lagen.

Seit sie den Ort hinter sich gelassen hatten, redete Rolf ohne Unterlass, um sich nicht anmerken zu lassen, wie nervös er war.

»Eigentlich ganz hübsch hier draußen an der frischen Luft, und die Schuhe sind auch kapital bequem, wenn man sich erst mal an sie gewöhnt hat. Aber ich glaube, in New York trage ich dann doch lieber normale Schuhe. Hier in den Bergen ist das ja okay, aber in so einer großen Stadt würde man damit bestimmt auffallen wie ein bunter Hund. Gehen die eigentlich schnell kaputt?«

»Nein«, antwortete Manuel knapp.

»Wäre ja auch irgendwie blöd, wenn wir die Hälfte der

Strecke barfuß laufen müssten«, plapperte Rolf weiter. »Obwohl das ja gesund sein soll, habe ich mal irgendwo gehört. Also das Barfußlaufen. Man darf halt nur nicht auf Dornen oder spitze Steine … IHH! Was war das denn?«

Rolf sah auf seine Schuhe hinunter.

»Ziegenscheiße«, erklärte Manuel.

»Wie kommt das denn hierher?« Rolf blickte angeekelt auf die weiche braune Masse, die unter seinen Sohlen hervorquoll.

»Ziegen hier leben«, sagte Manuel.

»Hier? Du meinst wild? Wieso sagst du uns nicht, dass es hier wilde Tiere gibt. Paps! Hast du gehört, hier wimmelt es von wilden Tieren!«

Ludwig reagierte kaum, weil er schon jetzt außer Atem war. Immer wieder blickte er über die Schulter zurück, um zu sehen, ob ihnen jemand folgte. Aber hier oben waren nicht einmal mehr die Bauern zu sehen, denen sie auf dem Weg bis zu den Weinbergen begegnet waren. Hier oben waren nur noch sie drei und ein paar Ziegen, die sich irgendwo zwischen den Sträuchern versteckt halten mussten.

»Ja, ich hab es gehört«, antwortete Rolfs Vater kurzatmig. »Ziegen sind harmlos.«

»Und was ist mit Wölfen oder Bären?«, fragte Rolf.

»Nicht hier.« Manuel zeigte mit dem Arm weiter ins Hinterland. »Anderswo.«

»Das ist ja sehr beruhigend.« Rolf versuchte, den Ziegenmist an ein paar Gräsern abzustreifen, die am Rand des Pfades wuchsen. Eine aufgescheuchte Eidechse huschte über seinen Schuh und verschwand unter einem Felsen. Erschrocken zuckte Rolf zusammen und rannte seinem Vater nach, der mit Manuel schon weitergegangen war.

Der Pfad war schon bald nur noch so schmal, dass sie hintereinanderlaufen mussten. Immer wieder lagen Felsen im Weg, über die sie hinwegsteigen mussten. Manuel half Rolfs Vater, indem er ihm seine Hand reichte. Rolf verzichtete auf den ausgestreckten Arm des Hirtenjungen und kletterte mit seiner Umhängetasche allein über die Hindernisse.

Es war heiß geworden. Die Sonne stand mittlerweile schon hoch am Himmel, und Ludwig musste immer häufiger stehen bleiben, um sich den Schweiß von seiner Stirn zu wischen und ein wenig auszuruhen.

»Da! Da wir müssen hin.« Manuel zeigte auf einen Pass, der zwischen zwei Berggipfeln lag.

»Von wegen Spaziergang!« Rolf tat die Schulter weh, weil der Gurt der schweren Tasche in sein Fleisch schnitt.

»Ganz schön hoch«, stöhnte Ludwig. »Machen wir denn gar keine Rast?«

»Nein«, antwortete Manuel, ohne seinen Schritt zu verlangsamen.

»Auch keine ganz kurze?« Rolf spürte, wie sehr sein Vater eine Pause benötigte. »Bitte! Muss ja nicht lange sein, nur mal kurz hinsetzen und ein bisschen durchschnaufen. Danach kommen wir auch wieder schneller voran.«

Manuel blieb stehen und drehte sich um. Als er Ludwigs erschöpftes Gesicht sah, gab er nach, wenn auch nur widerwillig.

»Bald Quelle. Da Pause. Kurz.«

»Ist es denn noch weit bis dahin?«, wollte Ludwig wissen.

»Nicht weit«, antwortete Manuel und stieg weiter den Berg hinauf.

Eine halbe Stunde später hatten sie die Quelle erreicht. Das Wasser plätscherte müde zwischen zwei Steinen hervor und bildete eine Pfütze, aus der es über ein schmales Rinnsal ablief und im Boden versickerte.

»Das ist die Quelle?«, fragte Rolf. »Die hatte ich mir etwas ... kapitaler vorgestellt.«

»Quelle gut. Immer Wasser«, erwiderte Manuel. »Trinkt, dann weiter.«

Ludwig ließ sich einfach auf einen Stein sinken, während Manuel sich zu der Quelle hinunterbeugte und etwas Wasser schöpfte.

»Kann man das auch wirklich trinken?« Rolf betrachtete skeptisch die Flüssigkeit in Manuels Händen.

»Warum nicht?«, fragte Manuel zurück und füllte seine Feldflasche auf.

»Ich meine ja nur, weil es nicht aus dem Wasserhahn oder aus einer Flasche kommt, sondern einfach so aus der Erde ...« Rolf wurde von einem leisen, kläglichen Kläffen unterbrochen.

Manuel legte die Finger an die Lippen und lauschte.

»Ich habe nichts gehört. Da war nichts«, behauptete Rolf.

»Doch, doch, da war was. Ich hab es auch gehört«, erklärte Ludwig.

Wieder ertönte ein Bellen. Es klang genauso jämmerlich wie das erste.

»Kommt aus Beutel!« Manuel deutete auf die Umhängetasche, die Rolf jetzt fest an seine Brust drückte.

»Du hast doch nicht etwa ...« Ludwig blickte seinen Sohn entsetzt an. Doch bevor Rolf antworten konnte, schob Adi auch schon seine Schnauze aus der Tasche und blinzelte verkatert in die Sonne.

»Ich konnte ihn nicht zurücklassen, es ging einfach nicht«, gestand Rolf. »Da habe ich ihm gestern Abend deinen Cognac gegeben, damit er fest schläft und erst wieder aufwacht, wenn wir schon hoch in den Bergen sind.« Rolf sah seinen Vater an und zog entschuldigend die Schultern hoch. »Schlimm?«

»Das mit dem Hund oder das mit meinem Cognac?« Ludwig erhob sich mühsam und nahm seinen Sohn in den Arm. Dann streichelte er Adi über den Kopf. »Ich dachte, du hast ihn heute Morgen nach dem Schwimmen bei Lotte und Theo abgegeben. Du hattest doch ganz nasse Haare.«

»Ich habe einfach den Kopf unter den Wasserhahn gehalten«, sagte Rolf. »Was wird denn jetzt aus Adi?«

»Wo er schon mal da ist, werden wir ihn wohl mitnehmen müssen. Aber den Cognac ersetzt du mir, wenn wir in New York sind. Hast du verstanden?« Ludwig grinste, und Rolf lächelte dankbar zurück, dann blickte er ängstlich zu Manuel hinüber.

»Wenn wir bringen Hund zurück zu Lotte und Theo.« Manuel machte eine Pause und schaute nach dem Stand der Sonne, bevor er weitersprach. »Wir es nicht schaffen auf andere Seite heute.«

»Also bleibt Adi bei uns!«, rief Rolf.

»Zu gefährlich.« Der Hirtenjunge zog ein Taschenmesser hervor und ließ die Klinge aufklappen.

Rolf und Ludwig sahen sich erschrocken an und auch Adi verkroch sich wieder in den Tiefen des Beutels.

»Nein!«, schrie Rolf.

»Das kommt überhaupt nicht infrage! Dem Hund geschieht nichts! Unter gar keinen Umständen«, sagte Ludwig.

Manuel holte einen Apfel aus seinem Beutel, schnitt mit dem Messer ein Stück davon ab und steckte es sich in den Mund.

»Ich auch nicht hatte vor«, antwortete Manuel schmatzend. »Wir ihn binden an Baum. Auf Rückweg ich bringe Hund zu Lotte und Theo.«

»Und wenn dann die Wölfe kommen und ihn fressen?!«, brüllte Rolf.

»Auf gar keinen Fall lassen wir Adi hier allein zurück, der Hund kommt mit«, erklärte Ludwig.

»Zu gefährlich«, wiederholte Manuel.

»Wir bezahlen dich, also tust du auch, was wir sagen. Und wir sagen, der Hund kommt mit«, entschied Ludwig.

Manuel antwortete nicht, aber in dem Gesicht des Jungen konnte Rolf lesen, was er davon hielt. Rolf war es egal, ob Manuel einverstanden war oder nicht. Hauptsache, Adi blieb bei ihnen. Glücklich strahlte er seinen Vater an und auch der Terrier wagte erneut einen scheuen Blick aus dem Beutel heraus. Ludwig lächelte unsicher zurück, weil er nicht wusste, ob seine Entscheidung für Adi die richtige oder ein großer Fehler gewesen war.

»Pause aus. Wir weiter.« Manuel hatte den Apfel aufgegessen und steckte sein Messer wieder ein.

Rolf hob Adi aus dem Beutel und setzte ihn auf dem Boden ab. Mit wackeligen Beinen lief Adi zu der Quelle und begann gierig zu trinken.

»Der hat einen höllischen Kater von meinem Cognac. Das kenne ich«, sagte Rolfs Vater. »Aber ich bin froh, dass du ihn mitgenommen hast.«

»Echt?«, fragte Rolf erleichtert.

»Ich hatte ein furchtbar schlechtes Gewissen wegen Adi. Und deine Mutter hätte mir sowieso den Kopf abgerissen, wenn wir ohne ihn in New York angekommen wären«, antwortete Ludwig und grinste. »Ohne dich wäre nicht so schlimm gewesen, aber ohne den Hund …«

Adi sah verwirrt zu ihnen auf, weil Rolf und Ludwig lachten. Dann schlabberte er weiter aus der Quelle.

»Lass uns weiter«, sagte Ludwig. »Ich glaube nicht, dass der Junge auf uns warten wird, und wenn wir ihn aus den Augen verlieren, sind wir in dieser Wildnis hoffnungslos verloren.«

Patrouillen

»Immerhin ist das Wetter gut, wäre ja auch kapital blöd, wenn es heute regnen würde.« Rolf bemühte sich, mit Manuel ins Gespräch zu kommen, als sie den Hirtenjungen eingeholt hatten. »Regnet es in den Pyrenäen eigentlich oft? Oder ist es hier mehr so heiß und trocken?«

Manuel brummte etwas Unverständliches, was sowohl ja als auch nein bedeuten konnte. Offensichtlich hatte der Hirtenjunge nach der Sache mit Adi noch weniger Lust, mit Rolf oder Ludwig zu reden. Auch Rolfs Vater sparte sich seine Puste lieber für den anstrengenden Aufstieg, der ihm mehr und mehr zu schaffen machte. Nur Adi, dem es zusehends besser ging, schien bester Laune zu sein. Er sprang vergnügt neben ihnen her und jagte gelben Schmetterlingen nach.

Eigentlich war es hier oben ganz schön, dachte Rolf. Fast wie bei einem Sonntagsausflug mit der Familie ins Grüne. Nur, dass seine Mutter fehlte und sie bei ihren gemeinsamen Ausflügen nie viel gewandert waren. Damals in Berlin, als die Welt noch intakt war, waren sie in ihren Wagen gestiegen und irgendwohin gefahren, wo es eine Wiese und einen See gab. Dort hatten sie geparkt, eine Decke ausgebreitet und gepicknickt. Danach hatten seine Eltern einen Mittagsschlaf gemacht und Rolf hatte mit Adi gespielt. Dann hatten sie die Decke und den Picknickkorb wieder eingepackt und waren in die Stadt zurückgekehrt. Viel bewegt hatten sie sich bei ihren Ausflügen eher nicht, aber Rolf hatte es geliebt, mit dem Kopf auf dem Schoß seiner Mutter zu liegen, in den Himmel zu schauen und den Wolken beim Vorbeitreiben zuzusehen.

Rolf war so in Erinnerungen versunken, dass er gar nicht bemerkte, dass sein Vater vor ihm plötzlich stehen blieb. Rolf trat Ludwig von hinten in die Hacken, doch der sagte kein Wort. Ludwig blickte sich nicht einmal zu seinem Sohn um, sondern starrte einfach weiter nach vorne.

Erst jetzt sah Rolf die zwei Zöllner, die vor ihnen auf dem Weg standen.

Adi zuckte erschrocken zusammen und versteckte sich hinter Rolf, der instinktiv ein paar Schritte zurückmachte. Nur Manuel schien überhaupt nicht überrascht zu sein, die Männer hier zu treffen. Der Junge ging auf die Grenzer zu und grüßte sie freundlich auf Französisch. Die drei wechselten leise ein paar Worte, dann drehte sich Manuel zu Ludwig um und raunte ihm »Zigaretten!« zu.

Ludwig holte die zwei Päckchen, die Manuel ihm gegeben hatte, aus seiner Hosentasche, ging auf die Männer zu und reichte jedem der Grenzer eines davon. Selbst aus der Ferne konnte Rolf sehen, wie die Hände seines Vaters zitterten. Die Männer bedankten sich mit einem kurzen Kopfnicken. Sie nahmen sich jeder eine Zigarette, zündeten sie an und ließen die Päckchen in den Taschen ihrer verstaubten Uniformen verschwinden.

»Und, was treibt euch hier rauf?«, fragte einer der beiden Zöllner.

»Wandern«, antwortete Manuel. »Das weißt du doch, Mathieu.«

»Genau, wir wandern ein bisschen durch diese herrliche Gegend. Ich liebe es zu wandern«, bestätigte Ludwig.

Die Zöllner grinsten und betrachteten amüsiert Ludwigs dicken Bauch.

»Dann seid vorsichtig, wenn ihr weiterwandert. Es sind Deutsche unterwegs. Die werden bestimmt kein Auge zudrücken, wenn ihr denen begegnet«, sagte der Zöllner, den Manuel Mathieu genannt hatte.

»Da könnt ihr denen noch so viele Zigaretten zustecken«, ergänzte sein Kollege.

»Danke«, sagte Manuel, und auch Rolf und Ludwig murmelten ein eingeschüchtertes »Merci«.

»Man sieht sich. Au revoir, Manuel, et bonne chance!« Auf dem schmalen Weg drängten sich die Männer mit ihren umgehängten Karabinern an Rolf und Ludwig vorbei, dann waren sie auch schon hinter der Biegung des Weges verschwunden.

»Die haben das doch nicht wirklich geglaubt, dass wir nur Wanderer sind, oder?«, fragte Rolf.

»Vielleicht mögen sie den Herrn Hitler auch nicht«, bemerkte Ludwig. »Und haben uns deswegen laufen lassen.«

»Mathieu ist Neffe von Onkel von mir«, erklärte Manuel knapp.

»Du bist mit denen verwandt?« Rolf sah Manuel überrascht an.

»Hier verwandt alle, irgendwie«, antwortete der Hirtenjunge und lief weiter.

»Das erklärt dann auch, warum die hier alle so komisch sind«, flüsterte Ludwig seinem Sohn zu, dann beeilten sie sich, Manuel zu folgen.

Der Pfad ging noch ein Stück bergauf, dann querte er einen breiten Hang, der ihnen so gut wie keine Deckung bot. Oberhalb des Pfades wuchsen auf der steinigen Erde nur ein paar Büsche und Sträucher. Am Fuße des Hanges befand sich eine Piste, in deren Staub Rolf die Abdrücke von Autoreifen erkennen konnte.

Manuel schaute vorwurfsvoll über die Schulter zurück, weil Adi bellte. Der Terrier hatte einen Stock gefunden und forderte Rolf kläffend auf, den Ast für ihn zu werfen.

»Adi, hör auf so einen Krach zu machen!«, flehte Rolf.

Der Terrier setzte sich auf den Weg und schaute sein Herrchen mit schräg gelegtem Kopf aufmerksam an.

»Bitte!«, flüsterte Rolf. »Sei still! Du kriegst auch einen kapitalen Knochen von mir, wenn wir da sind. Abgemacht?«

Der Terrier bellte noch ein letztes Mal, als wollte er Rolf zu verstehen geben, dass er mit dem Angebot einverstanden war. Dann stand er auf und lief dicht neben Rolf den Pfad entlang, ohne einen weiteren Mucks von sich zu geben. Nur ab und zu blieb der Terrier ein Stück zurück und schnüffelte neugierig an einem der vielen Kaninchenlöcher, mit denen der Hang übersät war.

»Braver Hund!«, lobte Rolf, und auch Ludwig, der vor ihm ging, drehte sich um und hob anerkennend den Daumen, weil es seinem Sohn gelungen war, Adi zum Schweigen zu bringen.

»Ist es eigentlich noch weit, bis wir in Spanien sind?«, rief Rolf nach vorne, als sie etwa die Hälfte des Hangs überquert hatten.

»Nicht sehr«, antwortete Manuel, ohne sich umzublicken.

»Na, hoffentlich!« Ludwig wischte sich mit seinem durchnässten Taschentuch erneut den Schweiß von der Stirn.

Auf dem Hang gab es keinen Schatten, und die Hitze flirrte über dem Boden, weil die schwarze Erde die Sonnenstrahlen reflektierte.

»Was ist denn?«, wollte Rolf wissen, weil Manuel stehen geblieben war. »Machen wir jetzt doch eine Pause? Ich dachte, wir machen keine Pause mehr.«

»Was ist los?«, fragte Ludwig, doch da hörten er und Rolf das Motorengeräusch schon selbst.

»Da hoch! Schnell!« Manuel deutete auf ein paar Büsche, die etwa hundert Meter entfernt oberhalb des Pfades wuchsen. Weit und breit war es das einzige Versteck, das sich ihnen bot, und wenn sie es rechtzeitig erreichen wollten, mussten sie sich beeilen. Das erkannte Rolf sofort, als er den steilen Hang hinaufschaute.

»Los, hilf mir. Allein er schafft nicht.« Manuel stand hinter Ludwig und passte auf, dass Rolfs Vater den Hang nicht wieder hinunterrutschte.

»Klar schaffe ich das alleine«, schimpfte Ludwig.

»Tust du nicht«, widersprach Rolf und versuchte, seinen Vater den Hügel hinaufzuschieben. Sie mussten die Hände zu Hilfe nehmen, um Halt zu finden. Es war mehr ein Krabbeln als ein Klettern, weil die Erde unter ihnen nachgab und sie immer wieder ein paar Meter den Hang hinunterrutschten. Adi sprang aufgeregt um sie herum, gab aber keinen Ton von sich.

Als sie die Deckung erreicht hatten, ließ Rolf sich hinter dem Busch erschöpft und schwer atmend auf den Boden fallen. Genau wie Ludwig und Manuel.

Rolf griff nach Adi, der neben dem Busch stand, und erwischte die rechte Vorderpfote des Terriers. Schnell zog er den Hund zu sich und hielt ihm mit der Hand die Schnauze zu.

»Wer sind die?«, flüsterte Ludwig.

Statt zu antworten, zeigte Manuel schweigend auf die Schotterpiste unter ihnen. Von rechts rollte ein Militärlaster langsam in ihr Blickfeld und stoppte nach ein paar Metern. Aus der Fahrerkabine stiegen zwei Offiziere und von der Ladefläche sprangen sechs Soldaten. Alle acht waren bewaffnet und trugen deutsche Uniformen. Die Männer waren zu weit weg, sodass Ludwig und Rolf in ihrem Versteck nicht verstehen konnten, was auf der Piste gesprochen wurde. Aber die beiden Offiziere zeigten immer wieder den Berg hinauf, genau dorthin, wo der Pfad lag, über den sie gekommen waren.

Rolf, Ludwig und Manuel pressten sich dicht an den steinigen Boden, damit die Soldaten sie von dort unten nicht sehen konnten. Rolf glaubte, den Herzschlag seines

Vaters spüren zu können. So als ob er durch die Erde zu ihm übertragen wurde. Aber das war natürlich Unsinn, das wusste er selbst. Es war sein eigenes Herz, das vor Angst wild schlug.

Die Soldaten stiegen in einer breit gefächerten Schützenreihe den Hang hinauf. Sie bewegten sich ganz ohne Eile, so als hätten sie alle Zeit der Welt. Die Offiziere liefen am linken und rechten Rand der Gruppe und mussten brüllen, um sich untereinander verständigen zu können.

»Da ist doch keiner. Lass uns wieder gehen. Ist doch auch viel zu steil hier«, rief einer der Offiziere.

»Hier war aber einer«, rief der andere zurück. Er hatte den Pfad erreicht und kniete auf dem Boden, wo er die Spuren untersuchte, die Rolf, Ludwig und Manuel auf dem Weg und bei ihrem hastigen Aufstieg hinterlassen hatten.

»Die sprechen Deutsch«, flüsterte Rolf.

»Ist doch schön, im Ausland Landsleute zu treffen, oder?«, witzelte Ludwig, um seine Furcht zu überspielen.

»PSST!«, zischte Manuel, der die Soldaten nicht aus den Augen ließ.

Der Offizier, der auf der Erde gekniet hatte, griff zu seinem Fernglas und suchte damit den Hang ab. Ludwig und Manuel pressten ihre Körper noch dichter auf die Erde, während Rolf seinen Griff um Adis Schnauze verstärkte.

»Das waren nur ein paar wilde Ziegen, komm lass uns umdrehen.«

»Aber hier sind Spuren. Hier war jemand«, beharrte sein Kamerad. »Wir müssen da hoch.«

»Klar sind da Spuren auf dem Pfad. Aber nur von Espadrilles. Das waren ein paar spanische Schmuggler«, erwiderte der andere. »Die interessieren uns doch überhaupt nicht. Wenn du mir hier den Abdruck eines Berliner Herrenschuhs zeigen könntest, würde ich dir überallhin folgen, um den Kerl zu kriegen. Aber so?! Komm, wir fahren zurück. Es ist Zeit fürs Mittagessen.«

Ein aufgeschrecktes Kaninchen flitzte aus einem der Löcher und jagte im Zickzack den Berg hinauf. Die beiden Offiziere sahen ihm nach und lachten. Einer ihrer Männer riss seinen Karabiner hoch und schoss auf das Kaninchen, verfehlte es aber deutlich. Die Kugel wirbelte die Erde ein paar Meter neben dem Tier auf.

»Hab ich es nicht gesagt?! Hier wimmelt es von Viehzeug. Kein Wunder, dass da überall Spuren sind.«

»Wahrscheinlich hast du recht. Lass uns gehen«, entgegnete der Offizier mit dem Fernglas und befahl seinen Soldaten, zum Wagen zurückzukehren.

Ludwig lächelte seinen Sohn erleichtert an, und Rolf lockerte den Griff, mit dem er Adi festhielt. Im selben Moment huschte ein zweites aufgescheuchtes Kaninchen ganz knapp an ihrem Versteck vorbei. Der Terrier strampelte sich frei und hetzte ihm laut bellend hinterher.

»Adi! Bleib …«, rief Rolf, dann hatte Ludwig auch schon die Hand auf den Mund seines Sohnes gepresst.

Zu spät.

Die deutschen Soldaten, die bereits mit dem Rückweg begonnen hatten, drehten sich um. Zwei der Männer rissen ihre Gewehre hoch und feuerten auf den Hund, der den Hang hinaufhetzte, immer dem Kaninchen hinterher, das er sowieso nie erwischen würde. Die Kugeln schlugen rechts und links neben Adi in der Erde ein, ohne ihn zu treffen. Dann war der Terrier zwischen zwei Büschen verschwunden. Eine Weile war noch sein Bellen zu hören, das sich immer weiter entfernte und schließlich ganz verstummte.

Die beiden Offiziere verständigten sich durch Zeichen, dass dort oben jemand sein musste, dem der Hund gehörte. Gemeinsam mit ihren Soldaten stiegen sie ein zweites Mal in Schützenreihe den Hang hinauf. Diesmal hielten sie ihre Gewehre und Pistolen im Anschlag, bereit, jederzeit das Feuer auf den Busch zu eröffnen, aus dem der Terrier gekommen war.

Manuel fluchte leise auf Spanisch, und Rolf wimmerte lautlos, weil sein Vater ihm noch immer seine Hand auf den Mund presste. Mit der freien Hand griff Ludwig in die Innentasche seines Jacketts und holte dort einen Umschlag heraus.

»Hier ist unser Schiffsticket und alle nötigen Visa. Nimm das und geh schon mal vor. Ich komme nach.« Ludwig löste den Griff um Rolfs Mund und drückte seinem Sohn das Kuvert in die Hand.

»Aber ...«, schluchzte Rolf.

»Tu, was ich dir sage!«, unterbrach ihn Ludwig. »Ich komme nach, das schwöre ich dir!«

Ludwig griff ein zweites Mal in seine Tasche und zog die Zahnpastatube hervor.

»Und denk dran, dir die Zähne zu putzen. Hast du verstanden?!«

Ludwig nahm seinen Sohn fest in den Arm und wiederholte langsam Wort für Wort betonend: »Ich komme nach.«

Dann wandte er sich an Manuel, dessen Blicke zwischen Vater und Sohn und den Soldaten hin und her wanderten. Die beiden Offiziere und ihre Männer waren höchstens noch siebzig Meter von ihrem Versteck entfernt.

»Du bringst ihn nach Spanien. Versprich mir das!«, verlangte Ludwig.

Manuel nickte.

»Danke«, flüsterte Ludwig, dann stand er auf und ging mit erhobenen Händen auf die Soldaten zu. Rolf wollte schreien, aufspringen, seinem Vater nachlaufen, aber diesmal war es Manuel, der ihm seine Hand auf den Mund presste. Der Hirtenjunge warf sich auf Rolf und drückte ihn so fest auf den Boden, dass er sich kaum noch bewegen konnte. Rolf hatte keine Chance, sich gegen den kräftigen Jungen zu wehren. Gefangen musste er zusehen, wie sein Vater den Hang hinunterging. Zweimal stürzte Ludwig auf dem steinigen Boden und musste sich jedes Mal mühsam wieder aufrappeln. Es dauerte, bis er die Soldaten erreichte, die ihn mit entsicherten Gewehren erwarteten. Ludwig und die Offiziere wechselten ein paar Worte, die Rolf und Manuel nicht verstehen konnten, weil der Wind sie in eine andere Richtung trug. Die Deutschen zeigten den Hang hinauf, aber Ludwig schüttelte nur den Kopf. Die Offiziere schienen sich damit zufriedenzugeben. Ihre Männer eskortierten Ludwig zu dem Laster, der unten auf der Schotterpiste parkte. Die Soldaten und Rolfs Vater kletterten hinten auf die Ladefläche, die beiden Offiziere stiegen vorne ein.

Der Fahrer ließ den Motor an und der Militärlaster rollte langsam den Weg entlang. Nach hundert Metern verschwand er hinter einem Felsvorsprung. Manuel wartete, bis auch das Motorengeräusch verstummt war, dann erst gab er Rolf frei und ließ sich neben ihm auf den Rücken fallen. Die beiden lagen nebeneinander und starrten in den Himmel. Eine dunkle Wolke schob sich vor die Sonne. Es war die erste seit Tagen.

Der Bergpass

Manuel schätzte, dass Ludwigs Verhaftung etwa eine Stunde zurücklag. Vielleicht war es auch schon länger her. Die Sonne war hinter der dichten Wolkendecke nur noch zu erahnen, sodass er sich nicht sicher sein konnte. Er hasste es, untätig an einem Ort sitzen zu müssen. Er wollte weiter. Nicht nur wegen des Regens, der in Kürze auf sie herunterprasseln würde, sondern, damit Rolf es noch vor Einbruch der Dunkelheit auf die spanische Seite schaffte.

Manuel betrachtete den deutschen Jungen mit einer Mischung aus Vorwurf und Mitleid. Er hatte seinen Vater verloren, das war schlimm. Klar, aber daran war er selbst schuld. Was musste er auch unbedingt heimlich diesen verdammten Hund mitschleppen? Der hätte es doch gut gehabt bei Lotte und Theo. Aber Manuel hatte es ja gleich gewusst: Der Terrier würde nur Unglück bringen und sie alle verraten. Sie hatten großes Glück gehabt, dass die deutschen Offiziere Rolfs Vater geglaubt und nicht darauf bestanden hatten, selbst nachzusehen, ob sich hinter dem Busch nicht noch mehr Flüchtlinge versteckten. Wahrscheinlich waren sie einfach zu faul gewesen, den Hang weiter hinaufzusteigen, und hatten sich deswegen mit Ludwigs Verhaftung zufriedengegeben. Ihn selbst hätten sie irgendwann wieder laufen lassen, da war sich Manuel ziemlich sicher. Aber den deutschen Jungen hätten sie bestimmt zurück in seine Heimat geschickt. Manuel hatte schon von solchen Fällen gehört, und man hatte sich auch erzählt, dass die Nazis Lager besaßen für Leute wie Ludwig oder Rolf. Lager, aus denen niemand wieder zurückkam.

»Wir weiter«, sagte Manuel laut. Er wartete auf eine Reaktion des Jungen, aber es kam keine. Rolf lag weiter regungslos auf dem Boden und starrte in den Himmel, so als könnte er irgendwo dort oben seinen Vater wiederfinden.

»Gleich Regen.« Manuel stand auf und begann, den Hang hinunterzusteigen. Die Wolken waren dichter geworden. Es war höchste Zeit aufzubrechen.

Rolf blieb auf dem Rücken liegen, wandte Manuel jetzt aber den Kopf zu und blickte ihn verständnislos nach. Manuel war stehen geblieben und zeigte auf den Umschlag, den Rolf immer noch in der Hand hielt. Das Papier war zerknittert, weil Rolf seine Finger zu einer Faust geballt hatte. »Du alles hast, was nötig. Dein Vater gesagt, er kommt nach.«

Manuel kehrte um und hängte sich den Beutel, in dem Adi seinen Rausch ausgeschlafen hatte, über die Schulter. Dann griff er nach Rolfs Arm und zog ihn auf die Füße. »Ich versprochen, dich zu bringen nach Spanien.«

Der Hirtenjunge führte Rolf den Hang hinunter zu dem Pfad. Rolf ließ es geschehen, ohne sich zu wehren. Seit sein Vater auf die Ladefläche des Wagens gestiegen war, hatte er kein Wort gesagt. Er stand unter Schock und trottete wie ein Blinder hinter Manuel her, der Rolfs Arm fest umklammert hielt.

Sie hatten den Hang hinter sich gelassen. Der Weg wand sich jetzt zwischen großen Felsbrocken den Berg hinauf und führte schließlich an einem Abgrund entlang. Rechts von ihnen befand sich eine Felswand, links von ihnen ging es zehn Meter und mehr steil bergab. Rolf stolperte immer wieder über lose Steine und Äste, die auf dem Weg lagen. Manuel verstärkte seinen Griff um Rolfs Arm, damit er nicht in die Tiefe stürzte. Zweimal rutschte Rolf mit seinem Fuß über den Rand, beide Male gelang es Manuel, ihn festzuhalten und zurück auf den Weg zu ziehen. Rolf hatte nicht einmal aufgeschrien, als er schon halb über dem Abgrund hing, nur noch gehalten von Manuels Hand an seinem Ärmel.

Als sie die Schlucht hinter sich hatten, setzte der Regen ein. Manuel sah sich um, doch weit und breit gab es nichts, wo sie sich hätten unterstellen können. Keine Bäume, keinen Fels und auch keine Hütte, die sich Hirten hier oben zum Schutz gegen Unwetter bauten. Die dicken Tropfen, die aus den Wolken auf sie herunterprasselten, durchnässten die Kleidung der beiden Jungen in Sekunden. Manuel fluchte und zog sich schnell seine Schuhe aus. Die geflochtenen Sohlen der Espadrilles durften nicht feucht werden, sonst fing der Flachs an zu faulen. Manuel kniete sich auf den Boden, streifte auch Rolf die Espadrilles von den Füßen und steckte sie mit seinen eigenen in die Umhängetasche. Rolf ließ es einfach geschehen.

Die Jungen liefen barfuß weiter. Manuel machte das nichts aus. Rolfs Füße aber besaßen keine schützende Hornhaut. Der Junge musste höllische Schmerzen haben, vermutete Manuel. Doch entweder spürte Rolf sie nicht oder er ließ sie sich nicht anmerken. Kein Ton kam über seine Lippen. Manuel wäre es lieber gewesen, Rolf hätte gebrüllt, geschrien oder geheult. Damit hätte er leichter umgehen können als mit dem unheimlichen Schweigen seines Begleiters.

Als sie den Bergpass endlich erreicht hatten, hörte auch der Regen auf. Die Sonne schien schon bald wieder so kräftig, dass die Feuchtigkeit auf ihren Kleidern verdampfte. Manuel liebte diesen Ort. Wenn er links hinuntersah, konnte er das Meer und Banyuls-sur-Mer erkennen, das Städtchen in dem sie am frühen Morgen aufgebrochen waren. Blickte er die Berghänge rechts hinunter, sah er ebenfalls das Meer und Portbou, die erste Hafenstadt auf der spanischen Seite der Pyrenäen. Er und Rolf standen genau auf der Grenze zwischen Frankreich und Spanien. Es fehlte nur noch ein winziger Schritt, dann war Rolf in Sicherheit.

Für die meisten Flüchtlinge, die Manuel hier hochgeführt hatte, war dieses kleine Plateau, auf dem nur ein paar Gräser und Kräuter wuchsen, ein heiliger Ort. Hier oben besaßen die Nazis keine Macht mehr über sie. Im Frühjahr 1941 endete Hitlers Einfluss an der spanischen

Grenze, und wer es bis hierhin geschafft hatte, besaß gute Chancen, auch den Rest seiner Reise ins süd- oder nordamerikanische Exil zu überleben. Manuel hatte hier oben schon Männer, die mit der Waffe in der Hand gegen die Nazis gekämpft hatten, vor Glück weinen sehen. Andere waren auf die Knie gesunken, um ein Dankgebet zu sprechen. Wieder andere hatten angefangen, laut zu singen oder ausgelassen zu tanzen.

Rolf schien keine Freude zu empfinden. Er stand einfach nur da und schaute abwechselnd nach rechts und links, nach Spanien und Frankreich. So als könnte er sich nicht entscheiden, in welche Richtung er gehen sollte. Rolfs Schweigen machte Manuel wütend. Sein Auftrag war hier oben erledigt. Nun war es an der Zeit, sich um sich selbst zu kümmern.

»Portbou. Da du musst hin.« Manuel zeigte auf die Hafenstadt, die auf der spanischen Seite lag.

Rolf hob den Kopf und blickte Manuel an, als würde er erst jetzt begreifen, wo sie waren und was geschehen war.

»Geh zu Polizei und zeig Papiere. Sie helfen.«

»Du willst mich allein da runterschicken?«, fragte Rolf. »Nach allem, was passiert ist?«

»Du in Spanien, ich weiter.« Manuel vermied es, Rolfs Blick zu begegnen, sondern schaute hinaus aufs Meer.

»Du kannst mich doch hier nicht einfach so stehen lassen!«

»Warum?«

»Na, weil … weil ich den Weg gar nicht kenne. Und weil gerade mein Vater verhaftet wurde und meine Mutter Tausende Kilometer von hier entfernt lebt und ich seit drei

Monaten nichts mehr von ihr gehört habe. Deswegen!«, brüllte Rolf.

»Du folgst Pfad Berg hinunter. Unmöglich zu verlaufen, führt genau in Stadt.« Manuel blickte immer noch aufs Meer, um Rolf nicht anschauen zu müssen.

»Du willst mich hier wirklich allein lassen?«

Manuel antwortete nicht. Er holte seine Schuhe aus der Umhängetasche und reichte Rolf den Beutel. Dann zog er sich die Espadrilles an, drehte sich wortlos um und ging. Er wählte nicht den Pfad, den sie gekommen waren, sondern einen anderen. Einen, der vom Meer weg und ins Landesinnere führte.

Rolf starrte Manuel nach. Seit der Verhaftung seines Vaters war er wie betäubt gewesen. Jetzt aber begann sein Kopf wieder zu arbeiten. Kurz dachte er an Adi, der die Soldaten auf ihre Spur gelenkt hatte. Der Terrier war schuld daran, dass sein Vater verhaftet worden war. Rolf spürte, wie seine Wut auf Adi immer größer wurde. Doch dafür war keine Zeit. Er zwang sich, das Gefühl zu verdrängen und darüber nachzudenken, was er machen sollte. Er musste seinen Vater befreien. Aber das konnte er nicht alleine, dazu brauchte er Manuel.

Rolf setzte sich auf die Erde und zog sich schnell die Schuhe an. Erst jetzt bemerkte er, wie wund seine Füße vom Barfußlaufen waren. Schmerzen aber spürte er immer noch keine. Er stand auf und rannte Manuel hinterher, hielt aber ausreichend Abstand, so als traute er sich nicht, dem Hirtenjungen zu nahe zu kommen. Immer wenn Manuel stoppte, um zu sehen, ob Rolf ihm noch folgte, blieb auch Rolf stehen.

»Was?«, brüllte Manuel.

»Du musst mir helfen«, rief Rolf.

»Hör auf, nachzulaufen mir«, rief Manuel.

»*Mir nachzulaufen* sagt man. Nicht *nachzulaufen mir*«, verbesserte Rolf.

»Hau ab! Verschwinde.« Manuel nahm einen Stein vom Boden auf und tat so, als wollte er ihn in Rolfs Richtung werfen.

Rolf trat ein paar Meter zurück, gerade so weit, bis er außer Wurfweite war.

»Wo willst du überhaupt hin?«, rief Rolf dem Hirtenjungen nach. »Da geht es doch gar nicht zurück nach Banyuls!«

Manuel ließ den Stein fallen, wandte sich um und ging, ohne Rolf zu antworten.

»Du wirst mich nicht los! Ich gehe dir einfach hinterher.« Rolf beeilte sich, um den Abstand wieder etwas zu verringern. »Vielleicht können wir meinem Vater helfen. Wir müssen es einfach versuchen. Wir müssen!«

Manuel blieb stehen und drehte sich zu Rolf um.

»Sie ihn verhaftet. Vielleicht er frei. Vielleicht nicht.«

»Aber was, wenn er tatsächlich wieder freikommt. Dann muss ich doch auf ihn warten. Wir müssen auf ihn warten.«

Manuel antwortete nicht.

»Ich bleibe dir einfach auf den Fersen. Solange, bis du mir hilfst, meinen Vater zu finden.«

Manuel starrte wieder aufs Meer, dann schaute er Rolf an. In seinem Blick erkannte der Hirtenjunge, dass Rolf es ernst meinte.

»Es gibt Plan«, sagte Manuel. »Für Notfall.«

»Was denn für einen Plan? Und was für ein Notfall?«, fragte Rolf verständnislos.

»Wenn Gruppe getrennt, man trifft in Lourdes wieder.«

»Wo?«

»Große Stadt. Wenn Vater frei, er dort«, erklärte Manuel und fixierte dabei einen Raubvogel, der über ihnen kreiste und nach Beute Ausschau hielt.

»Echt?«

Manuel nickte.

»Aber warum hat mein Vater mir denn nichts davon gesagt?«

Manuel zuckte mit den Schultern.

»Und wie komme ich da hin?«, fragte Rolf.

»Mit mir. Vielleicht dein Vater schon da. Mit Zug oder Wagen.«

»Meinst du wirklich?«

»Sie nicht wissen, wer er ist. Vielleicht sie lassen laufen ihn. Vielleicht.« Manuel drehte sich wieder um und setzte seinen Weg fort.

»Hey, das könnte wirklich sein! Mein Vater hat ja sogar die Etiketten aus unseren Mänteln rausgetrennt, damit niemand weiß, wo wir herkommen, und unsere Papiere habe alle ich. Die können also gar nicht wissen, wen sie da gefangen haben. Wie weit ist es denn bis nach Lourdes?«, fragte Rolf, als er Manuel eingeholt hatte.

»Nicht weit«, antwortete Manuel. »Und jetzt spar Puste zu laufen.«

»*Fürs Laufen*«, korrigierte Rolf, aber das tat er so leise, dass Manuel es nicht hören konnte.

Unterwegs

»Und wo schlafen wir? Oder sollen wir etwa die ganze Nacht durchlaufen?« Rolf hatte Hunger. Außerdem dämmerte es, und er fürchtete sich vor den wilden Tieren, von denen Manuel ihm am Morgen erzählt hatte. Dabei hatte der Hirtenjunge genau auf die Berge gezeigt, an deren Hängen sie jetzt schon eine ganze Weile entlangliefen.

Der Pfad, dem sie folgten, war für Rolf oft kaum zu erkennen, weil das Gras den beiden Jungen bis zu den Knien reichte. Dazwischen stießen sie immer wieder auf die Reste von Steinlawinen, die von den Hängen herabgerutscht waren. Rolf und Manuel mussten auf allen vieren über die Hindernisse klettern, um auf der anderen Seite ihre Wanderung fortsetzen zu können. Manuel schien trotzdem keine Schwierigkeiten zu haben, den richtigen Weg zu finden. Seit ihrem Aufbruch hatte er nicht einmal gezögert, sondern war immer vorneweg marschiert, ohne sein Tempo zu verringern. Rolf vermutete, dass Manuel sich an der Sonne orientierte, auf die sie direkt zuliefen.

Sie stand jetzt bereits tief und würde schon bald hinter einem der Berggipfel verschwinden. Die Sonne ging im Westen unter, das wusste sogar Rolf. Lourdes, das Ziel ihrer Reise, lag im Westen, das hatte Manuel ihm während einer ihrer wenigen Pausen erzählt. Rolf hätte gut auf die Unterbrechungen verzichten können. Wenn er lief, war in seinem Kopf kein Raum für schlechte Gedanken. Der Pfad war so steinig und unwegsam, dass er sich auf jeden seiner Schritte konzentrieren musste. Außerdem verhinderten die Schmerzen an seinen Füßen, dass er an seinen Vater dachte. In den kurzen Pausen war das anders gewesen. Da hatte er sich gefragt, wie es Ludwig ging und ob er schon wieder frei war, so wie Manuel gesagt hatte. Manchmal dachte er auch an Adi. Hätte der Terrier sich nicht losgerissen und wäre er nicht dem Kaninchen hinterhergejagt, hätten die Deutschen sie niemals in ihrem Versteck gefunden. Die Soldaten wären ganz sicher umgekehrt, weil ihnen der Aufstieg zu steil war. Dann säßen Ludwig und er jetzt in einem Café im sicheren Hafen von Portbou. Und morgen früh würden sie einen Zug nehmen, der sie nach Lissabon bringen würde. Und von dort ein Schiff nach New York. Das alles ging Rolf in den Pausen durch den Kopf. Deswegen war es besser zu laufen.

Nun aber hatte er einen Punkt erreicht, wo es einfach nicht mehr ging.

»Was ist jetzt mit Übernachten?«, wiederholte Rolf seine Frage, weil er von Manuel keine Antwort erhalten hatte.

»Da vorne«, erwiderte Manuel und zeigte auf ein Wäldchen, das in einer Senke etwas abseits des Pfades lag.

»Gibt es da ein Hotel?«, wollte Rolf wissen.

»Kein Hotel.« Manuel lachte.

»Aber wo schlafen wir denn dann?«

»Wald. Wo sonst?«, entgegnete Manuel, der den Sinn von Rolfs Frage nicht verstanden hatte. Wenn er mit den Ziegen in den Bergen unterwegs war, schlief er immer unter freiem Himmel. Manuel genoss diese Nächte, in denen er vor dem Einschlafen den Himmel betrachtete. Sein Vater hatte ihm die Namen der Sterne und Sternbilder beigebracht. Manuel fühlte sich ihm nah, wenn er über sich den Großen Wagen oder den Polarstern entdeckte.

Rolf hatte noch nie im Freien übernachtet, nicht in Berlin, nicht in Paris und auch nicht in Marseille. Er und sein Vater hatten auf ihrer Flucht immer in Hotels gewohnt, und selbst in dem Lager, in das die Franzosen alle in Frankreich lebenden Deutschen nach dem Einmarsch der Wehrmacht eingesperrt hatten, war es Ludwig immer gelungen für sich und seinen Sohn in einer der Baracken eine Pritsche zu organisieren. Rolf erinnerte sich mit Grauen an die Nächte in der völlig überfüllten Holzhütte. Damals hätte er viel dafür gegeben, draußen schlafen zu dürfen. Aber Ludwig hatte es nicht zugelassen und so hatte Rolf seine schlaflosen Nächte mit schnarchenden Männern und beißenden Flöhen verbringen müssen. Auch wenn Rolf sich dafür schämte, war er der Wehrmacht heimlich dankbar gewesen, dass sie mit ihren Panzern so schnell in Frankreich vorrückte. Die Wachleute waren vor den deutschen Soldaten geflohen. Dasselbe hatten die meisten der Lagerinsassen dann auch getan und sich wie

Rolf und Ludwig in den unbesetzten Teil Frankreichs bis nach Marseille durchgeschlagen.

»Hilf! Dann schneller!« Manuel schleppte einen langen Ast heran und lehnte ihn an einen Baum.

»Was wird das?« Nachdem sie in dem Wäldchen angekommen waren, hatte sich Rolf vor Müdigkeit und Erschöpfung einfach auf die Erde fallen lassen.

»Hütte«, erwiderte Manuel. »Hält trocken.«

Obwohl jeder Muskel seines Körpers schmerzte, erhob sich Rolf und zog einen dünnen Stamm aus dem Unterholz. Manuel stellte ihn zu dem anderen an den Baum und machte sich auf die Suche nach weiteren Ästen. Als sie fertig waren, bedeckte der Hirtenjunge das Gerippe ihres Unterstands mit dichten Tannenzweigen.

»Gibt es auch was zu essen?«, fragte Rolf. »Ich habe kapitalen Hunger.«

»Hörst du?!« Manuel griff nach einem Ast, der besonders gerade gewachsen war.

Rolf lauschte, konnte aber außer dem Rauschen eines Baches und dem Zwitschern der Vögel nichts hören.

»Nein«, erwiderte Rolf.

»Wasser«, sagte Manuel.

»Ja, schon. Aber was hat das mit unserem Essen zu tun?«

Statt Rolf zu antworten, ging Manuel in die Richtung, aus der das Rauschen kam. Dabei zog er sein Taschenmesser hervor und begann, den Ast an einer Seite anzuspitzen.

Rolf überlegte, ob er sich in ihren Unterstand legen

sollte, um seine Füße zu schonen, oder ob es besser war, Manuel zu folgen. Am Ende siegten Rolfs Neugier und seine Furcht, in der Wildnis allein zu bleiben. Als er den Bach erreichte, stand Manuel bereits bis zu den Knien im kalten Wasser. Den geschnitzten Speer hielt er hocherhoben in der rechten Hand.

»Was tust du da?«, wollte Rolf wissen.

Manuel antwortete nicht. Er starrte weiter ins Wasser und legte einen Finger auf seine Lippen.

Rolf beobachtete ihn eine Weile. Er hatte mal in einem Buch gelesen, dass die Indianer in Amerika genauso auf Fischjagd gingen. Aber das hatte er für eine Erfindung des Autors gehalten. In Berlin und Paris hatten sie ihre Fische im Laden gekauft, und selbst in Marseille wären er und sein Vater niemals auf die Idee gekommen, selbst fischen zu gehen. Ab und zu hatten sie welche am Alten Hafen gekauft. Aber auch nur dann, wenn der Fischer sich bereit erklärte, die Tiere für sie auszunehmen und pfannenfertig vorzubereiten. Selbst das Braten hatte der Koch in ihrem Stammcafé für sie übernommen, weil weder Rolf noch sein Vater kochen konnten.

Plötzlich schnellte Manuels Arm nach vorne und schleuderte den Speer ins Wasser. Als der Hirtenjunge ihn wieder herauszog, zappelte eine Forelle an der Spitze des Stocks. Manuel lief schnell an Land, nahm einen großen Stein und schlug dem zappelnden Fisch auf den Kopf. Nach dem zweiten Hieb lag die Forelle auf der Erde und rührte sich nicht mehr.

»Nummer eins«, erklärte Manuel zufrieden und watete zurück in den Bach. Als eine zweite Forelle leblos auf dem Waldboden lag, reichte Manuel den Speer an Rolf weiter.

»Willst du versuchen?«

»Lieber nicht«, antwortete Rolf, der noch nie ein Tier getötet hatte. Abgesehen von den Flöhen und Läusen im Lager, aber die zählten nicht, fand er.

»Ich versteh, du dich nicht traust.«

»Du verstehst gar nichts! Klar, trau ich mich! Kann ja nicht so kapital schwer sein.« Rolf zog sich die Schuhe aus und tat ein paar Schritte in den eisigen Bach. Er zuckte kurz zusammen. Doch nach dem ersten Schock tat die Kälte gut, weil sie die Schmerzen an seinen Füßen linderte.

Rolf stellte sich genauso hin, wie er es bei Manuel gesehen hatte. Den Speer hoch in der Luft und den Blick starr auf die Wasseroberfläche gerichtet. Er brauchte nicht lange zu warten, da tauchte direkt vor ihm eine Forelle auf. Sie war größer als die beiden, die Manuel gefangen hatte. Rolf hatte das Gefühl, sie gar nicht verfehlen zu können. Sie schwamm direkt vor seinen Füßen gegen die Strömung. Rolf zählte leise bis drei, dann stieß er zu.

Als sich das Wasser wieder beruhigt hatte, war die Forelle verschwunden. Manuel hatte alles schweigend vom Ufer aus beobachtet und sagte auch nichts, als Rolf den Speer ohne den Fisch wieder herauszog. Auch bei seinen nächsten Versuchen gelang es Rolf nicht, eine der vielen Forellen, die sich zwischen seinen Beinen tummelten, zu erwischen. Als er das vierte Mal zustieß, rutschte er auf einem der nassen Steine aus, verlor das Gleichgewicht und landete im Wasser. Manuel lachte nicht, sondern stand auf und ging zu ihm, um Rolf wieder auf die Beine zu helfen. Schweigend kehrten sie mit den Forellen und ihren Schuhen in der Hand zurück zu ihrem Unterstand, wo Rolf seine nassen Sachen zum Trocken an einem der Bäume aufhängte und Manuel mit trockenem Holz und ein paar Streichhölzern ein Feuer entfachte.

Es war kühl geworden in den Bergen. Rolf fror, obwohl Manuel ihm seine Jacke gegeben hatte, solange seine Sachen trockneten. Rolf rückte näher an das Feuer heran und blickte in die Flammen, um Manuel nicht zusehen zu müssen, wie er die Forellen ausnahm. Ihm war beinahe schlecht geworden, als der Hirtenjunge mit seinem Taschenmesser dem ersten der beiden Fische den Bauch aufgeschlitzt hatte. Danach hatte Manuel mit seinen Fingern die glibbrigen Eingeweide herausgezogen und ins Feuer geworfen, wo sie zischend verbrannten. Jetzt war er mit den Vorbereitungen fast fertig. Manuel rieb die Forellen von innen und außen mit Kräutern ein, die er im Wald gesammelt hatte, und spießte die Fische auf zwei Stöcke. Einen davon reichte er Rolf, damit er ihn über das Feuer halten konnte. Den anderen legte er neben sich auf dem Boden ab und holte ein Päckchen Zigaretten aus seiner Tasche. Der Hirtenjunge nahm einen brennenden Zweig aus dem Feuer, zündete sich damit eine Zigarette an und nahm einen tiefen Zug.

»Auch?« Manuel hielt Rolf die brennende Zigarette hin.

»Du rauchst?«, fragte Rolf.

Manuel zuckte nur mit den Schultern und nahm einen weiteren Zug. »Ich immer hab Päckchen für Zöllner.«

Manuel hielt Rolf die Zigarette ein zweites Mal hin. Rolf zögerte, dann griff er nach der Zigarette zwischen Manuels Fingern und nahm einen Zug. Sofort begann Rolf zu husten und reichte die Zigarette schnell an Manuel zurück.

»Man gewöhnt sich«, sagte der Hirtenjunge.

»Ich bestimmt nicht.« Rolf hatte erneut das Gefühl, sich übergeben zu müssen »Außerdem würde ich richtig Ärger mit meiner Mutter kriegen. Die hat mir verboten zu rauchen.«

»Sie tot?«, fragte Manuel.

»Wie kommst du denn darauf?«, erwiderte Rolf erschrocken.

»Warum nicht bei dir?«

»Sie ist in New York und wartet da auf uns. Auf meinen Vater und mich. In ihrem letzten Brief hat sie geschrieben, dass sie jeden Tag zum Hafen geht, um zu sehen, ob wir auf einem der Schiffe sind.«

»Wie lang?« Manuel drückte die Zigarette auf dem Boden aus und griff nach dem Spieß mit seinem Fisch.

»Keine Ahnung. Bis es dunkel wird, nehme ich an.«

»Ich wissen will, wie lang letzter Brief her?«

»Man fragt: *Wann kam der letzte Brief an?*« Nicht: *Wie lang letzter Brief her?*«

»Und? Wie lang letzter Brief her?«

»Drei Monate. Und was ist mit deiner Familie? Wo ist die?«, fragte Rolf.

Manuel antwortete nicht, sondern zeigte auf den *35. Mai*. Das Buch war aus dem Beutel gefallen und lag aufgeschlagen neben Rolf auf dem Waldboden.

»Was steht in Buch?«

»Interessiert dich das wirklich?«

»Feuer und Geschichten gehören zusammen. Mein Vater mir immer erzählt Geschichten, wenn wir draußen nachts waren.«

»In dem Buch geht es um einen Jungen, der seinen Onkel besucht, und dann erleben sie lauter verrückte Sachen. Sie treffen ein Pferd, das reden kann und auf Rollschuhen läuft.« Rolf hob das Buch auf und zeigte Manuel den Umschlag, auf dem ein schwarzes Pferd mit Rollschuhen an den Hufen zu sehen war.

»Gibt nicht«, erwiderte Manuel.

»Das weiß ich auch, aber das hat sich der Autor eben ausgedacht. Der Roman ist ja auch für Kinder und heißt *Der 35. Mai.*«

»*35. Mai*? Gibt auch nicht. Autor verrückt?«

»Nein, das Buch ist kapital lustig. Mein Vater kennt den sogar, der das geschrieben hat, und er hat es damals in Berlin sogar für mich signiert.«

»Signiert?«

»Das ist, wenn der Autor vorne ein paar Worte reinschreibt. Warte, ich zeige es dir.« Rolf blätterte die erste Seite auf und reichte Manuel das Buch. »Da steht: Für den kleinen Rolf! Schau immer voran und denke daran: Was hinter dir liegt, nur halb so viel wiegt. Dein Erich Kästner«, las Rolf vor und zuckte verlegen mit den Schultern. »Damals war ich halt noch sehr jung, deswegen steht da klein. Ist ja auch schon ein paar Jahre her. Das ist mein Lieblingsbuch, deswegen habe ich es mitgenommen. Als einziges.«

»Wo Autor jetzt?«, wollte Manuel wissen. »Amerika?«

»Nein, der ist noch in Berlin«, antwortete Rolf.

»Ist er Nazi?«

»Nicht jeder, der in Deutschland lebt, ist ein Nazi. Viele, aber nicht alle.«

»Erzähl aus Buch. Dann ich weiß, ob er Nazi ist.«

»Also, es geht da um diesen Jungen, das sagte ich ja schon«, fuhr Rolf fort. »Der soll in der Schule einen Vortrag über die Südsee halten. Und sein Onkel schlägt vor, einfach dahin zu reisen, um sich dort ein bisschen umzuschauen.«

»Mit Schiff? Oder mit Flugzeug?«

»Weder noch, sie gehen durch einen Schrank, der hinten offen ist. Zusammen mit dem sprechenden Pferd.«

»Durch Schrank?« Manuel schaute Rolf an, als wäre er völlig übergeschnappt.

»In Büchern geht so was. Aber der Weg ist trotzdem weit. Unterwegs kommen sie in ein Land, wo alle ganz faul sind und man sich nicht bewegen darf. Die schlucken dort sogar Pillen, die nach Gänsebraten schmecken, weil ihnen das Kauen zu anstrengend ist. Und wenn es regnet, wachsen Regenschirme aus dem Boden. Die kann man sich nehmen, und wenn es wieder trocken ist, verwelken die einfach.«

»Das praktisch«, bemerkte Manuel anerkennend. »Sehr praktisch.«

»In einem anderen Land, durch das sie reisen, bewegen sich die Bürgersteige von selbst, sodass man nicht mehr laufen muss. Da gibt es auch Telefone, die kann man mit sich rumtragen, und Autos, die von ganz alleine fahren.

Ohne Chauffeur! Und am Ende hat der Junge sogar eine Freundin, die heißt Petersilie. Deren Vater ist ein Südseehäuptling und ihre Mutter eine Holländerin. Deswegen ist sie auch schwarz-weiß kariert.«

Manuel prustete laut los. Es war das erste Mal, dass Rolf ihn lachen sah. Es war ein ansteckendes Lachen. Rolf konnte gar nicht anders, als mitzulachen. Die beiden saßen am Feuer und lachten so ausgelassen, dass ihnen ihre Stöcke mit den Fischen fast aus der Hand gerutscht und ins Feuer gefallen wären.

»Autor kein Nazi«, stellte Manuel fest, als er sich halbwegs wieder beruhigt hatte.

»Wieso? Ich meine, ich weiß natürlich, dass er keiner ist. Aber woher willst du das jetzt plötzlich wissen?«, fragte Rolf.

»Zu lustig für Nazi«, erklärte Manuel immer noch glucksend. »Nazis nie lachen. Immer ernst.«

Als Rolf das Buch zurück in seinen Beutel steckte, fiel Annas Karikatur auf den Boden. Rolf hatte sie zwischen die Seiten gesteckt, genau wie das Foto seiner Mutter. Manuel hob das Blatt auf und betrachtete es lange.

»Du Junge auf Bild da bist«, sagte Manuel

»Das erkennst du?«, fragte Rolf überrascht. »So sehe ich doch gar nicht aus.

»Doch du tust, und daneben, das ist …«

Ein lautes Heulen unterbrach Manuel. Beunruhigt schaute Rolf zu dem Hirtenjungen hinüber, der mit einem Mal wieder ganz ernst geworden war und angestrengt in den Wald hineinhorchte.

Wiedersehen

Unter das Heulen mischte sich immer wieder auch ein Jaulen und Kläffen. Für Rolf klang es fremd und vertraut zugleich, vor allem aber machte es ihm Angst.

»Meinst du, das ist ein Wolf?« Rolf bemühte sich, seine Stimme neugierig und interessiert, auf gar keinen Fall aber besorgt klingen zu lassen.

Manuel schüttelte nur den Kopf und lauschte weiter.

»Das ist der gegrillte Fisch«, flüsterte Rolf. »Der lockt die wilden Tiere an.«

Die Forellen, die die Jungen über das Feuer hielten, verströmten einen intensiven Duft. Rolf war sich sicher, dass der auch noch Kilometer entfernt zu riechen war. Schnell nahm er den Stock mit seinem Fisch aus den Flammen. Obwohl er wusste, dass das überhaupt nichts änderte und es sowieso schon zu spät war. Was immer da draußen herumstreunte, hatte längst ihre Witterung aufgenommen und konnte jeden Moment zwischen den Bäumen auftauchen, um sie beide zu zerfleischen.

»Keine Angst, kein Wolf.« Manuel bemühte sich gar nicht erst, leise zu reden.

»Ich habe keine Angst«, log Rolf. »Aber wenn es kein Wolf ist, was soll es denn sonst sein?«

»Hund«, antwortete Manuel.

Im selben Augenblick stürzte Adi zwischen den Bäumen hervor. Rolf ließ vor Schreck seinen Fisch fallen und sprang auf die Beine, während der Terrier freudig bellend um ihn herumhüpfte. Adi sah zerzaust und erschöpft aus. Gleichzeitig wirkte er glücklich und erleichtert, weil er sein Herrchen wiedergefunden hatte. Rolf aber reagierte ganz anders, als der Hund und auch Manuel erwartet hatten.

»Hau ab! Verschwinde!«, schrie er den Terrier an und hob einen Stein vom Boden auf.

Adi machte sich ganz klein und zog den Kopf ein. Von unten blickte er verunsichert zu Rolf auf, der ihn mit Tränen in den Augen anstarrte.

»Du bist schuld, dass mein Vater verhaftet wurde! Wegen dir haben die Soldaten ihn mitgenommen. Ohne dich wären wir längst in Sicherheit. Ohne dich …« Rolf holte aus. Doch bevor er den Stein werfen konnte, packte Manuel nach seinem Arm.

»Lass mich los!«, brüllte Rolf außer sich.

»Hund nicht schuld.«, erwiderte Manuel ruhig, ohne den Griff zu lockern. »Du schuld.«

»Ich?«

»Du ihn mitgenommen. Wenn Hund bei Lotte und Theo, du und Vater jetzt in Spanien. Zusammen.« Manuel zeigte auf den Terrier, der vor den Jungen auf dem Boden kauerte und Rolf mit traurigen Augen anblickte. »Er nichts kann für. Gar nichts.«

Rolf öffnete seine Faust und ließ den Stein auf die Erde fallen. Dann warf er sich neben das Feuer auf den Boden und fing hemmungslos an zu schluchzen. Er wusste, dass Manuel recht hatte. Er selbst war schuld, nicht Adi. Alles, was sich seit der Verhaftung seines Vaters in ihm aufgestaut hatte, brach nun aus ihm heraus, und es war ihm völlig gleichgültig, ob Manuel ihm dabei zusah oder nicht. Adi robbte auf allen vieren auf sein Herrchen zu. Erst auf dem letzten Meter sprang er kläffend auf die Beine. Rolf schloss den Terrier in beide Arme und drückte ihn fest an sich. Manuel betrachtete die beiden schweigend, dann nahm er seinen Fisch und ging an den Bach, um alleine zu Abend zu essen. Er war froh, dass Rolf endlich weinen konnte. Aber es war besser, ihm nicht dabei zuzusehen. Er selbst hätte auch nicht gewollt, dass Rolf ihn beim Weinen beobachtete.

Als Manuel am nächsten Morgen aufwachte, waren Rolf und Adi verschwunden. In der Nacht hatte der Hirtenjunge die Hütte Rolf überlassen und selbst im Freien geschlafen, so wie er es gewohnt war. Jetzt war der Unterstand leer. Manuel sah sich um. Neben der Feuerstelle, in der nur noch etwas Glut übrig war, lagen die Gräten von Rolfs Forelle, und dort, wo seine Sachen zum Trocknen gehangen hatten, hing nun Manuels Jacke an einem Ast. Die Kleider waren fort, genauso wie der Beutel und das Buch mit den verrückten Geschichten, von denen Rolf ihm erzählt hatte, bevor der Terrier aufgetaucht war.

»Rolf?«, rief Manuel in den Wald hinein und dann gleich noch einmal, weil er keine Antwort erhielt. »ROLF!«

Auch der Morgen in den Bergen war kühl, Manuel fror. Er zog seine Jacke an und legte ein wenig Holz auf die Glut, um das Feuer wieder zu entfachen. Dann ging er zum Wasserholen an den Bach hinunter. Auf halbem Weg hörte er einen lauten Schrei und das Kläffen eines Hundes. Manuel rannte die letzten Meter und stoppte erst, als er das Ufer erreichte.

Rolf stand mit aufgekrempelten Hosenbeinen bis zu den Knien im Wasser und hielt stolz den Speer in die Höhe. An der Spitze zappelte eine Forelle, die noch größer war als die, die Rolf am Vortag verfehlt hatte. Der Terrier, der sich nicht ins Wasser getraut und an Land auf den Beutel und die Schuhe seines Herrchens aufgepasst hatte, lief am Ufer auf und ab und bellte aufgeregt.

»Ich habe es geschafft!«, rief Rolf stolz. »Ich habe den ganzen Morgen geübt und jetzt habe ich eine gefangen! Das wird unser Frühstück.«

Manuel sagte nichts, sondern lächelte nur.

Die gegrillte Forelle war groß genug, um sie beide und auch Adi satt zu machen. Während sie aßen, erwähnte keiner der Jungen den vergangenen Abend. Zwischen Rolf und Manuel gab es die unausgesprochene Vereinbarung, über die Frage von Schuld und Unschuld lieber zu schweigen. Ihre Reise würde auch so schon schwer genug werden, das wusste Manuel, und Rolf ahnte es zumindest.

Bevor sie aufbrachen, lief Rolf noch einmal zurück an

den Bach, um sich die Zähne zu putzen. Manuel sah ihm amüsiert zu, wie er sich aus der Tube etwas Paste auf die Zahnbürste drückte.

»Was gibt es denn da zu grinsen? Putzt du dir nie die Zähne?«, fragte Rolf.

»Doch«, erwiderte Manuel. »Mit Finger und Salz.«

»Salz?«

»Wie alle hier.«

»Gib mir mal deine Hand«, forderte Rolf den Hirtenjungen auf.

Manuel streckte zögernd seinen Arm aus und Rolf drückte etwas Zahnpaste auf Manuels Zeigefinger.

»Probiere es einfach mal aus.«

Skeptisch steckte Manuel den Finger in den Mund und begann, mit der Paste seine Zähne zu reinigen.

»Besser als Salz«, sagte Manuel, als er fertig war.

»Sag ich doch«, erwiderte Rolf. »Dann können wir jetzt weiter, oder?! Sonst ist mein Vater tatsächlich noch vor uns in Lourdes.«

Manuel sagte nichts, sondern wischte sich den Finger an seiner Hose ab. Dann liefen sie zurück zu ihrem Rastplatz, um das Feuer zu löschen und ihre Sachen zusammenzupacken.

Sie hatten das Wäldchen hinter sich gelassen und liefen nun am Fuß eines Berges entlang, auf dessen Gipfeln noch Schnee lag. Die Nacht hatte Rolf gutgetan. Zwar spürte er immer noch jeden Muskel, aber die Schmerzen an seinen Füßen waren erträglicher geworden. Sie kamen schneller voran als am Tag zuvor, das merkte auch Manuel, der nun immer seltener auf Rolf warten musste. Adi trottete so dicht neben seinem Herrchen, als wollte er ihm nie wieder von der Seite weichen. Selbst die aufgeschreckten Kaninchen, die ab und zu ihren Weg kreuzten, konnten ihn nicht von seinem Platz fortlocken. Rolf beugte sich immer wieder zu seinem Hund herunter, um ihm über das Fell zu streichen.

»Vielleicht ist mein Vater ja wirklich schon da und wartet auf uns«, sagte Rolf, der auf dem schmalen Pfad hinter Manuel ging.

»Vielleicht«, erwiderte Manuel, ohne sich umzusehen.

»Aber könnte doch sein, oder? Wenn das doch der Treffpunkt für alle ist, die sich auf der Flucht verloren haben. Wo sollte er denn sonst hin?«

»Erzähl mir von Städten. Stimmt, dass dort niemals dunkel?«, fragte Manuel.

Rolf wunderte sich, dass Manuel so plötzlich das Thema wechselte. Dann aber fing er an zu erzählen, weil es auch ihn von der eintönigen Lauferei ablenkte.

»Nie! Da sind überall Laternen und Reklametafeln. Die leuchten die ganze Nacht. Mein Vater hat mich abends oft mit ins Kaffeehaus genommen, wenn meine Mutter auf der Bühne stand und getanzt hat. Da waren dann auch seine Kollegen. Die haben die ganze Zeit geredet, geredet und geredet.«

»Du? Was du gemacht?«

»Ich? Ich habe gelesen.«

»Aber wann man schläft? Wenn immer hell?«

»Man zieht einfach den Vorhang zu, dann ist es dunkel. Warst du noch nie in einer großen Stadt?«

»Nie.«

»Das musst du unbedingt mal erleben. Überall sind Autos und Menschen und alle haben es furchtbar eilig. Wenn man nicht aufpasst, wird man totgetrampelt oder überfahren. Aber an das Gedränge und Geschubse gewöhnt man sich schnell. Die Stadt ist einfach großartig und immer gibt es was Neues zu sehen. Da ist kein Tag wie der andere, weil sich ständig alles verändert.«

Während ihrer Wanderung erzählte Rolf von Berlin und Paris und dem Leben dort, das so ganz anders war als das Leben, das Manuel kannte. Der Hirtenjunge hörte aufmerksam zu und kümmerte sich ganz nebenbei darum, dass sie genügend zu essen hatten. In den Bergen und Tälern, durch die sie kamen, gab es genug davon. Man musste nur wissen, wo, und Manuel wusste es. Er zeigte Rolf, wie man Vogelnester ausnahm und welche Pflanzen man essen durfte und welche besser nicht. In einer ihrer kurzen Pausen brachte er Rolf bei, wie man aus Stöcken und einem Seil eine Kaninchenfalle baute. Aber sie fingen keines, und Rolf war ganz froh darüber, weil er es sowieso nicht übers Herz gebracht hätte, das Kaninchen zu töten. Er hatte sich auch nicht überwinden können, eines der kleinen Vogeleier auszuschlürfen, die Manuel aus einem Nest geholt hatte. Lieber nahm er das Knurren seines Magens in Kauf, wenn die Pflanzen nicht reichten, um seinen Hunger vollständig zu stillen.

Manuel griff im Vorbeigehen nach ein paar Kräutern und steckte sie sich in den Mund.

»Gut bei Durst«, erklärte er kauend.

»Woher weißt du das eigentlich alles?«, fragte Rolf. »Hast du das in der Schule gelernt?«

»Ich nie war in Schule«, antwortete Manuel.

»Ich auch nicht«, sagte Rolf. »Mein Vater hat mich unterrichtet. Nur mit dem Rechnen war es schwierig, weil er das selbst nicht so gut konnte …« Rolf verstummte, dann verbesserte er sich schnell. »… kann, weil er selbst nicht so gut rechnen kann.«

»Mir Vater auch alles gelernt«, erklärte Manuel. »Wie Wetter wird, wo Ziegen grasen gerne, was man kann essen und was nicht.«

»Und warum sprichst du dann so gut Deutsch, wenn du nie in einer Schule warst?«

»Männer mir beigebracht. Männer aus Berlin, die ich geführt nach Spanien«, erklärte Manuel.

»Wie hießen die denn? Vielleicht kenne ich die ja sogar.«

»Weiß Namen nicht. Einmal war so ein Dicker mit ohne Haare und Narbe in Gesicht. Immer Witze gemacht und hatte Hitler-Porträt dabei.«

»Warum das denn?«, fragte Rolf entsetzt. »Wegen dem musste er doch aus Deutschland weg.«

»Hilft gegen Heimweh, gesagt er.«

Rolf lachte.

»Das könnte Herbert gewesen sein. Die Beschreibung passt genau und der machte auch ständig Witze. Das ist ein Bekannter meines Vaters aus Berlin, den habe ich abends oft im Café getroffen. War so ein schlanker Großer bei ihm?«

»Ja, aber nichts gesagt. Ganze Strecke kein Wort.«

»Das war bestimmt der stille Karl, das ist sein Spitzname. Er und Herbert sind die besten Freunde, obwohl sie total verschieden sind. Die waren auch in Paris immer zusammen. Wo sind die beiden jetzt?«

»Weiß nicht, ich nur über Grenze gebracht. Genau wie die anderen.«

»Warte mal«, sagte Rolf, als sie am Nachmittag einen Bergsee erreichten.

»Was?«, fragte Manuel.

»Ich muss mal«, antwortete Rolf.

»Was du musst?« Manuel blickte Rolf verständnislos an.

»Aufs Klo, was denn sonst.« Rolf verschwand zwischen den Bäumen am Waldrand.

Adi blieb bei Manuel, der sich ans Seeufer setzte. Das Wasser funkelte in der Sonne und nur ein leichter Wind kräuselte die Oberfläche. Manuel ließ einen Stein in den See fallen und blickte ihm nach. Doch das Wasser war so trübe, dass er den Grund nicht erkennen konnte und er den Stein schon bald aus den Augen verlor. Adi drängte sich dicht an Manuel, der ihm den Rücken streichelte.

»Wieso Hund heißt wie Adolf Hitler?«, fragte der Hirtenjunge so laut, dass Rolf ihn im Wald verstehen konnte.

»Das sollte lustig sein«, rief Rolf zurück.

»Lustig? Was lustig daran?«

»Na ja, wenn man ihn Tricks machen lässt, ist das doch kapital komisch«, antwortete Rolf aus dem Wald. »Mach toter Mann, Adi!«

Der Terrier ließ sich sofort auf die Seite fallen und streckte alle viere von sich.

»Das mit dem Namen war übrigens Herberts Idee. Der mit den Witzen und dem Hitlerporträt, den du auch nach Spanien geführt hast«, erklärte Rolf. »Mama fand es zuerst gar nicht lustig, aber dann hat sie sich daran gewöhnt.«

»Ich finde auch nicht lustig.« Manuel gab Adi einen sanften Klaps auf die Seite und der Terrier sprang wieder auf die Beine.

»Hast du Zeitungspapier?«, rief Rolf aus dem Wald.

»Wofür?«, fragte Manuel.

»Ich will Zeitung lesen.«

»Jetzt?«

»Quatsch, ich brauch was zum Abwischen.«

»Nimm Blätter von Baum, geht gut.« Manuel wartete, dass Rolf fertig wurde und sie endlich weiterkonnten.

»AHHH!«

Manuel und Adi drehten sich erschrocken um. Rolf kam aus dem Wald geschossen und raste auf den See zu. Im Laufen schleuderte er seine Schuhe von den Füßen und zog sich das Hemd über den Kopf. Dann rannte er an Manuel vorbei und sprang in den See. Rolf tauchte unter, und es dauerte eine Weile, bevor er seinen Kopf wieder aus dem Wasser streckte.

»Du Wasser liebst, oder?« Manuel lachte. »Zweite Mal schon, du gehst baden.«

»Da waren Ameisen auf den Blättern. Das juckt ganz schrecklich!«, erwiderte Rolf sauer. »Und das ist überhaupt nicht komisch!«

»Wohl komisch ist«, erwiderte Manuel und lachte weiter.

»So ein Bad könnte dir auch mal guttun.« Rolf musste schwimmen, weil das Wasser an der Stelle so tief war, dass er nicht stehen konnte.

»Ich bade mäßigregel«, sagte Manuel. »Einmal Monat.«

»Man sagt *regelmäßig*, nicht *mäßigregel*«, verbesserte Rolf. »Einmal im Monat ist allerdings tatsächlich eher mäßig.«

Manuel lachte nur und reichte Rolf die Hand, um ihm aus dem Wasser zu helfen. Rolf griff nach den ausgestreckten Fingern und zog den Hirtenjungen mit einem Ruck in den See. Manuel ging sofort unter. Rolf tauchte seinen Kopf ins Wasser, konnte den Hirtenjungen in dem trüben Gewässer aber nirgends sehen. Plötzlich tauchte Manuel direkt neben Rolf wieder an die Wasseroberfläche. Er schlug wild mit den Armen, um nicht erneut unterzugehen.

»Hilfe!«, brüllte Manuel und dann noch etwas auf Spanisch, was Rolf nicht verstand.

»Warte, ich helfe dir! Alles wird gut! Keine Sorge!«, redete Rolf beruhigend auf ihn ein.

Manuel ruderte weiter panisch mit den Armen. Einer der Schläge traf Rolf am Mund. Er schmeckte Blut auf seinen Lippen, aber das war ihm egal, weil Manuel erneut mit dem Kopf unter Wasser gesunken war. Rolf tauchte ihm nach, packte Manuel von hinten unter den Armen und zog ihn ans Ufer. Der Hirtenjunge war bewusstlos, das spürte Rolf, weil Manuel keinen Widerstand mehr leistete und bewegungslos in seinen Armen hing. Nur mit Mühe gelang es ihm, den erschlafften Körper die Böschung hinaufzuschleppen. Adi näherte sich und leckte Manuel quer durch das Gesicht. Rolf schob den Terrier sanft zur

Seite, um zu sehen, ob der Hirtenjunge noch atmete. Erleichtert stellte er fest, dass sich Manuels Brustkorb hob und senkte, wenn auch nur leicht.

»Wach auf! Bitte wach doch auf!«, flehte Rolf, während Adi winselnd um Manuel herumlief.

Rolf griff nach der Schulter des Hirtenjungen und schüttelte ihn sanft. Keine Reaktion. Dann schlug er Manuel mit der flachen Hand ins Gesicht, erst nur ganz schwach, dann kräftiger, bis Manuel die Augen aufschlug und heftig zu husten begann.

»Tut mir leid!«, entschuldigte sich Rolf. »Ich hatte doch keine Ahnung, dass du nicht schwimmen kannst.«

»Jetzt du weißt! Ich fast ertrunken«, erwiderte Manuel wütend.

»Ich sagte doch schon, es tut mir leid. Wirklich!«

Manuel richtete sich auf. Er musste immer noch husten und spuckte dabei Wasser aus.

»Ich mach es auch wieder gut«, versprach Rolf.

»Wie?«

Rolf überlegte, dann schlug er vor: »Ich bring dir Schwimmen bei.«

»Was?« Manuel starrte ihn an, als hätte Rolf den Verstand verloren.

»Wir müssen doch sowieso eine Pause machen, bis unsere Sachen trocken sind. Und nass bist du ja jetzt eh schon.«

»Loco!«, brummte Manuel.

»Was heißt das?«

»Ist Spanisch. Bedeutet: Du spinnst.«

»Aber wieso denn nicht? Ist doch eine prima Gelegenheit. Dann kann dir das mit dem Fast-Ertrinken nicht noch mal passieren. Es ist auch gar nicht so schwer.«

Manuel hustete wieder, aber das klang längst nicht mehr so schlimm wie zuvor.

»Oder traust du dich etwa nicht?«, fragte Rolf.

»Klar«, erwiderte Manuel. »Du übrigens blutest.«

»Wo?«

»Mund.«

Rolf griff sich an die Lippen und spürte das Blut an seinen Händen. Er beugte sich über den See, um im Wasser sein Spiegelbild betrachten zu können. So wie es aussah, war es nur eine kleine Wunde, die schnell wieder verheilen würde.

»Dann sind wir ja quitt«, sagte Rolf, als er sich wieder aufrichtete.

»Quitt? Was heißt quitt?«, fragte Manuel.

»Ich habe dich beinahe ertränkt und du hast mich halb tot geschlagen. Wir sind quitt.«

Rolf grinste, Manuel grinste zurück, und Adi bellte glücklich, weil er froh war, dass die beiden sich wieder vertrugen.

Esther

Rolf wählte für Manuels Schwimmunterricht eine Stelle am Ufer, an der das Wasser nicht ganz so tief war. Er begann mit einfachen Übungen. Es waren dieselben, mit denen ihm sein Vater das Schwimmen beigebracht hatte, damals am Wannsee in Berlin. Manuel lernte schnell. Schon bald konnten sie sich vom Ufer entfernen. Adi, der Manuels Fortschritte vom Land aus beobachtet hatte, wurde langweilig. Er trollte sich, um die Umgebung zu erkunden. Solange die beiden im Wasser waren, konnten sie nicht weglaufen, das wusste der Terrier genau.

»Du oft schwimmst?«, wollte Manuel wissen.

»Ja, in Marseille waren mein Vater und ich fast jeden Tag im Meer baden«, antwortete Rolf. »Da haben wir uns kapitale Wasserschlachten geliefert.«

»Wasserschlachten? Mit Schiffen richtigen?«, fragte Manuel verwirrt.

»Nein, das sagt man nur so. Das ist, wenn man sich gegenseitig nass macht. So zum Beispiel!« Rolf schlug mit beiden Händen so auf das Wasser, dass die Tropfen Manuel im Gesicht trafen. Der Hirtenjunge spritzte zurück, dann warf er sich lachend auf Rolf. Übermütig jagten sie hintereinander her, tauchten unter und wieder auf. Die Sonne brach sich in den herumfliegenden Tropfen und zauberte einen Regenbogen um die Köpfe der beiden Jungen, die in dem kalten See herumtobten, als gäbe es keinen Krieg und keine Flucht.

Seit ihrer Flucht aus Berlin hatte Rolf nur selten Freunde in seinem Alter gehabt. Es gab nur wenige Flüchtlinge, die ihre Kinder nicht schon vorher ins sichere Ausland gebracht hatten. Und die französischen Jungen hatten auch nie mit ihm spielen wollen, weil er ein Deutscher war und damit in ihren Augen ein Nazi. Da hatten auch seine Erklärungen nichts genutzt, dass er und sein Vater selbst vor den Nazis geflohen waren, weil Ludwig einer der größten und gefürchtetsten Feinde Hitlers war. Damit hatte Rolf ein klein wenig übertrieben, aber genutzt hatte es ihm nichts. In den zurückliegenden Jahren hatte Rolf die meiste Zeit mit Erwachsenen verbracht. Manuel war der erste gleichaltrige Junge, mit dem er mehr als nur ein oder zwei Stunden zusammen war.

Erst als ihre Lippen von der Kälte schon ganz blau waren, schwammen die Jungen ans Ufer und kletterten in ihrer nassen Unterwäsche an Land. Rolf hüpfte von einem Bein auf das andere, um sich aufzuwärmen. Manuel stand ganz still und beobachtete den Waldrand. Rolf folgte seinem Blick, konnte aber nichts Verdächtiges entdecken.

»Wo ist Adi?« Rolf schaute sich suchend um.

»Weg. Genau wie Kleider.« Manuel zeigte auf den Baum, an dem sie ihre Sachen aufgehängt hatten, bevor sie ins Wasser gestiegen waren.

»Wie weg? Die verschwinden doch nicht einfach so.«

»Nicht einfach so«, flüsterte Manuel. »Wir nicht allein.«

»Was soll das heißen, wir sind nicht allein?«, rief Rolf erschrocken. »Hier ist doch keiner außer uns.«

»Doch, viele«, erwiderte Manuel und zeigte auf den Wald, aus dem eine Gruppe bewaffneter Männer und Frauen ins Freie trat.

Die Frau, die den Trupp anführte, trug Adi auf dem Arm. Sie kraulte ihn hinter den Ohren, was dem Terrier sichtlich zu gefallen schien. Er machte keinerlei Anstalten, sich freizustrampeln und zu seinem Herrchen zu laufen. Rolf schätzte die Frau auf Ende zwanzig. Einige ihrer Begleiter waren deutlich älter, andere viel jünger als sie. Einer von ihnen hatte sich die Kleider der Jungen unter den Arm geklemmt und grinste breit, als er die halb nackten Jungen musterte. Er und seine Kameradinnen und Kameraden trugen Stiefel, kakifarbene Hosen und grüne Uniformjacken, von denen sie die Rangabzeichen entfernt hatten. Die Waffen, die sie bei sich trugen, waren alte Karabiner, die aussahen, als stammten sie noch aus dem letzten großen Krieg. Deutsche Soldaten waren das jedenfalls keine, dachte Rolf. Für ihn sahen sie eher aus wie eine Diebesbande, die in den Bergen Reisenden auflauerte, um sie auszurauben.

»Wer sind die?«, flüsterte Rolf.

»Gehören zu Résistance. Kämpfen auch gegen Hitler«, erwiderte Manuel leise.

»Soldaten?«

»Partisanen.«

»Freunde also. Die werden uns helfen!«, sagte Rolf erleichtert.

»Abwarten«, raunte Manuel.

Rolf hatte längst aufgehört, zu hüpfen, und auch Manuel stand einfach nur still da und wartete, bis die Partisanen sie erreicht hatten. Rolf fror in seiner nassen Unterwäsche und peinlich war sie ihm auch. Die Frau aber, die Adi auf dem Arm trug, schien das überhaupt nicht zu stören. Genau wie ihr Begleiter, der die Kleider der Jungen trug, lächelte sie amüsiert, als sie Rolf und Manuel begrüßte.

»Salut!«

»Salut!«, erwiderte Manuel.

»Guten Tag«, sagte Rolf auf Deutsch, und dafür hätte er sich am liebsten die Zunge abgebissen. Auch Manuel warf ihm einen vorwurfsvollen Blick zu. Wenn diese Partisanen Krieg gegen Hitler führten, war es nicht besonders klug, sie in der Sprache ihres Feindes zu begrüßen. Das wusste Rolf selbst, aber es war ihm einfach so rausgerutscht, und jetzt war es zu spät.

Der Mann mit ihren Sachen hatte aufgehört zu grinsen und sein Gewehr von der Schulter genommen. Auch die anderen Partisanen griffen zu ihren Waffen und entsicherten sie. Nur die Frau blieb ganz ruhig und kraulte Adi weiter hinter den Ohren.

»Du kommst aus Deutschland?«, erkundigte sie sich auf Deutsch.

»Sie auch?«, fragte Rolf überrascht zurück.

»Ich habe zuerst gefragt«, sagte die Frau und lächelte.

»Aus Berlin«, antwortete Rolf.

»Ich bin aus München. Mein Name ist Esther. Wer seid ihr? Und was wollt ihr hier? Seid ihr allein? Habt ihr Hunger?«

»Ich bin Rolf und das ist Manuel. Wir sind auf dem Weg nach Lourdes«, entgegnete Rolf. »Und ja, wir sind allein, und wir haben Hunger. Schrecklichen Hunger.

Seine Angst war mit einem Schlag verschwunden. Vor ihm stand eine Deutsche, die nicht zu den Nazis gehörte und ganz offensichtlich auch nicht vorhatte, ihn und Manuel in den nächsten Minuten zu erschießen.

Esther schaute zwischen Rolf und dem Hirtenjungen hin und her. Adi folgte ihrem Blick, und als wollte er ihre Entscheidung beschleunigen, drehte er sich zu ihr um und leckte Esther einmal quer über das Gesicht. Esther musste lachen und setzte den Terrier auf dem Boden ab. Adi lief zu Rolf und legte sich neben den Füßen des Jungen auf die Erde.

»Deiner?«, fragte Esther.

»Eigentlich gehört er meiner Mutter, aber ich habe versprochen, auf ihn aufzupassen«, erklärte Rolf.

»Hat der auch einen Namen?«

»Klar, er heißt A…«, weiter kam Rolf nicht, weil Manuel ihm seinen Ellenbogen in die Seite rammte.

»Albert«, sagte Manuel, der es für keine gute Idee hielt, Adis wahren Namen zu verraten. Das würde nur zu Schwierigkeiten führen, falls Esther den Humor von Rolfs Vater und seinen Freunden nicht teilte.

»Unser Lagerplatz liegt hier gleich in der Nähe. Da erzählt ihr mir eure Geschichte und im Gegenzug kriegt ihr von uns ein ordentliches Abendessen. Ihr seht wirklich aus, als ob ihr was vertragen könntet. Aber zuerst zieht ihr euch was an.« Esther gab dem Mann hinter ihr ein Zeichen. Er hängte sich sein Gewehr wieder über die Schulter und reichte Rolf und Manuel ihre Sachen.

Das Versteck der kleinen Gruppe lag tief im Wald und war so gut getarnt, dass man es selbst aus der Nähe kaum erkennen konnte. Rolf wäre beinahe daran vorbeigelaufen, und selbst Manuel schien überrascht, als sie plötzlich vor einem Lagerfeuer standen. Um die Feuerstelle herum lagen Schlafsäcke und Decken auf dem Boden. Etwas abseits hingen drei Hängematten aus Fallschirmseide zwischen den Bäumen. Darin dösten Soldaten, die die Uniformen englischer Piloten trugen. Sie sprangen auf, als die Jungen und Adi das Lager betraten, und musterten Rolf und Manuel misstrauisch. Erst nach ein paar erklärenden Worten von Esther legten sie sich wieder hin, als wenn nichts gewesen wäre.

Rolf und Manuel hockten sich auf den Boden, und eine der Frauen füllte ihnen zwei Teller mit Eintopf, der in einem großen Topf über dem Feuer köchelte. Auch Adi bekam seine eigene Portion, die er gierig verschlang.

Rolf und Manuel aßen schweigend. Esther saß neben den beiden und schaute ihnen zu, während sich der Rest ihrer Truppe auf die Decken und Schlafsäcke verteilte. Die Waffen griffbereit neben sich.

»Wer sind die Männer da in den Hängematten?«, fragte Rolf, als er den zweiten Teller leer gegessen hatte.

»Englische Piloten«, antwortete Esther. »Ihre Flugzeuge

wurden über Frankreich abgeschossen, aber sie konnten sich mit Fallschirmen retten.«

»Und was passiert jetzt mit ihnen?«, wollte Manuel wissen.

»Wir bringen sie nach Spanien. Von dort reisen sie zurück nach England, um wieder Angriffe gegen die Deutschen zu fliegen«, erklärte Esther.

»Müssen Sie dabei zufällig auch nach Lourdes?«, erkundigte sich Rolf.

»Erst auf der Rückreise. Vorher müssen wir die Männer sicher auf die andere Seite der Grenze bringen. Piloten sind wertvoll. Wertvoller jedenfalls als die Flugzeuge, die sie fliegen. Die kann man schnell zusammenbauen. Aber einen guten Piloten auszubilden, das dauert. Was wollt ihr in Lourdes?«

»Meinen Vater treffen«, antwortete Rolf.

»Wer ist dein Vater?«, wollte Esther wissen.

»Ludwig Kaiser.«

»*Der* Ludwig Kaiser? Das ist dein Vater?«, fragte Esther beeindruckt. »Ich habe alle seine Artikel gelesen! Wo ist er jetzt? Und warum ist er nicht bei dir?«

»Er ist an der Grenze verhaftet worden. Von einer deutschen Patrouille. Aber sie wissen nicht, wer er ist. Deswegen lassen sie ihn ganz sicher auch wieder laufen und dann kommt er nach Lourdes. Deswegen will ich da hin«, erzählte Rolf. »Manuel hat gesagt, das wäre der Treffpunkt für alle, die sich unterwegs auf der Flucht verloren haben.«

Esther schaute zu Manuel hinüber, der neben Rolf saß und, ohne aufzublicken, die letzten Reste von seinem Teller kratzte.

»Vielleicht haben Sie ja etwas von ihm gehört?«, fragte Rolf. »Er ist ziemlich dick.«

»Nein, tut mir leid. Aber wenn er wirklich so dick ist, würde er mir bestimmt auffallen. So viele dicke Menschen gibt es in diesen Zeiten hier nicht. Zumindest nicht auf der Seite der Guten.« Esther deutete auf die ausgezehrten Körper ihrer Mitkämpfer.

»Können wir nicht mitkommen? Ich meine, wenn Sie sowieso später nach Lourdes müssen, können wir Sie doch begleiten«, schlug Rolf vor.

»Leider nicht. Es wäre zu riskant, euch mitzunehmen.« Esther nahm zwei Decken, die neben ihr lagen, und warf sie Rolf zu. »Wenn ihr aufwacht, sind wir schon weitergezogen. Aber jetzt geht schlafen, bis nach Lourdes habt ihr noch einen weiten, weiten Weg vor euch.«

»Wie weit ist es denn?«, wollte Rolf wissen.

»Ein paar Tagesmärsche sind es ganz sicher, mit dem Zug oder einem Auto geht es natürlich schneller.«

»So weit noch?« Rolf sah vorwurfsvoll zu Manuel hinüber, der aber nur mit den Schultern zuckte, so als wollte er sagen: Du hast mich nie danach gefragt.

»Keine Sorge«, sagte Esther. »Ihr schafft das schon, da bin ich mir ganz sicher.«

Es war dunkel geworden. Die meisten der Männer und Frauen schliefen schon und auch Rolf und Manuel lagen unter ihren Decken. Adi hatte sich in Rolfs Kniekehlen gekuschelt und schnarchte leise.

»Wo willst du hin?«, fragte Rolf, weil Manuel noch einmal aufgestanden war.

»Muss mal.«

»Hüte dich vor den Ameisen«, rief Rolf ihm nach, als Manuel im Wald verschwand.

Manuel antwortete nicht. Er lief in einem Bogen um das Lager herum und trat von der anderen Seite an das Feuer heran. Esther saß dort allein und las im Schein der Flammen in einem Buch.

»Kannst du nicht schlafen?« Esther legte ihr Buch zur Seite und lächelte Manuel an.

»Doch, aber ich wollte fragen etwas«, erwiderte der Hirtenjunge.

»Was denn?«

»Meine Eltern. Ich dachte immer, sie tot. Erschossen nach Ende von Bürgerkrieg, weil sie für Spanische Republik und gegen Faschisten kämpfen. Das man mir immer erzählt hat. Aber jetzt, ich glaube das nicht mehr. Jetzt ich glaube, sie leben. Beide. In Nacht bevor ich mit Rolf los, ich belauscht Gespräch von Tante und Onkel, wo ich wohne. Die sich unterhalten und gesagt, dass Mama und Papa nicht tot.« Manuel hatte sich neben Esther ans Feuer gesetzt und starrte in die Flammen.

»Und wie kann ich dir da helfen?« Esther legte ihren Arm um die Schulter des Jungen und zog ihn an sich. Manuel ließ es geschehen.

»Vielleicht Sie kennen? Könnte sein doch. Sie auch kannten Rolfs Vater. Ihre Namen Ramon und Nuria Catalania.«

Esther zuckte zusammen, als er den Namen seiner Eltern aussprach.

»Sie kennen?«, wiederholte Manuel seine Frage.

»Ich wusste nicht, dass die beiden einen Sohn haben«, antwortete Esther.

»Sie kennen?«, rief Manuel aufgeregt.

»Ja, ich kenne sie, und du kannst stolz auf sie sein. Sie sind sehr tapfer.«

»Aber warum mir man gesagt, sie tot?!«

»Was deine Eltern auf der spanischen Seite für uns tun, ist sehr wichtig, aber auch sehr gefährlich. Ich nehme an, sie wollten dich nicht in Gefahr bringen. Je weniger du weißt, desto besser. Für dich und für sie.«

»Aber ...«

»Das ist ihnen ganz bestimmt nicht leichtgefallen«, unterbrach Esther den Jungen. »Das kannst du mir glauben.«

»Wo kann ich treffen sie?«

»Das darf ich dir nicht sagen.«

»Sie müssen!«

Esther zögerte und starrte in die Flammen, so wie Manuel zuvor.

»Müssen«, wiederholte der Junge fordernd.

»Manchmal kommen sie nach Lourdes, um dort Dinge zu erledigen.«

»Das haben Tante und Onkel auch gesagt. Als ich belauscht sie. Deswegen ich auf Weg dorthin.«

»Vielleicht triffst du sie dort. Aber ich kann dir nichts versprechen. Geh jetzt schlafen. Wir müssen morgen früh aufbrechen und mehr kann ich dir wirklich nicht sagen.« Esther zog ihren Arm zurück und stand auf.

»Danke.« Auch Manuel erhob sich.

»Warum hast du Rolf erzählt, dass er seinen Vater in Lourdes treffen wird?«

»Weil möglich ist«, antwortete Manuel ausweichend. »Alles möglich. Letzte Woche ich noch geglaubt, meine Eltern tot. Jetzt ich weiß, sie leben. Alles möglich. Auch dass Vater nach Lourdes kommt.«

Esther sah Manuel lange an, dann strich sie ihm zärtlich über die Haare.

»Wahrscheinlich hast du recht. In diesen Zeiten ist wohl wirklich alles möglich. Pass auf den Jungen auf und seid vorsichtig.«

Der Bär

»Das hat ja ewig gedauert«, sagte Rolf, als Manuel zu seiner Decke zurückkehrte. »Hast du jedes Blatt einzeln nach Ameisen abgesucht?«

»Ja, und dann ich gegessen Ameisen. Sehr lecker. Du schon mal probiert?« Manuel nahm gut gelaunt neben Rolf Platz. »Schmeckt Hund wie.«

»Kapital witzig«, brummte Rolf und streichelte Adi über das Fell, als wollte er dem Terrier signalisieren, dass Manuel nur Spaß gemacht hat. »Außerdem sagt man, *schmeckt wie Hund* nicht *schmeckt Hund wie.*«

Als er allein war, hatte Rolf lange über das Gespräch mit Esther gegrübelt. Während ihrer Unterhaltung hatte er die ganze Zeit das Gefühl gehabt, dass sie ihm etwas verheimlichte. Er hatte keine Ahnung, was das sein könnte. Aber ganz sicher waren es keine guten Nachrichten, die hätte sie ihm ja sagen können. Vielleicht ging es um die Lage an der Front, überlegte er. Vielleicht war die Wehrmacht überall unaufhaltsam auf dem Vormarsch.

Rolf war das egal. Von ihm aus konnte Hitler die ganze Welt erobern, wenn er nur seinen Vater in Lourdes wiedersah.

Manuel antwortete nicht auf Rolfs Belehrung, sondern lächelte nur still. Er war glücklich, weil Esther ihm seine Vermutung bestätigt hatte. Seine Eltern lebten und mit etwas Glück würde er sie in Lourdes wiedertreffen. Er war sicher, dass er nur lange genug warten musste, dann würden sie sich dort über den Weg laufen. So groß war Lourdes nicht. Das hatte ihm seine Tante erzählt. Wie viele andere pilgerte sie regelmäßig zu der Grotte am Rande der Stadt, in der ein junges Mädchen vor einigen Jahren die Heilige Jungfrau Maria gesehen hatte. Zumindest hatte sie das behauptet. Sein Onkel hatte sich darüber lustig gemacht, genau wie über die vielen Pilgerreisen dorthin. Auch an Manuels letztem Abend, als er das Gespräch der beiden über seine Eltern belauscht hatte, waren sie über Gott in Streit geraten.

»Es ist ein Akt der christlichen Nächstenliebe, diesen Leuten nach Spanien zu helfen«, hatte seine Tante gesagt.

»Lass deinen Gott da raus!«, hatte sein Onkel geschimpft. »Diese Menschen haben gegen Hitler gekämpft, deswegen muss man ihnen helfen. Sie sind Antifaschisten, so wie wir.«

»Ist Gott etwa kein Antifaschist?«

»Deinen Gott gibt es doch gar nicht. Zeig ihn mir, deinen Gott! Ich kann ihn jedenfalls nicht sehen.«

»Deinen sturen Verstand kann ich auch nicht sehen und er ist trotzdem da.«

»Pah! Das beweist gar nichts!«

Manuel grinste, als er sich an ihren Streit erinnerte. Seine Tante war strenggläubige Katholikin und sein Onkel ein strenggläubiger Kommunist. Trotzdem zweifelte Manuel nicht eine Sekunde daran, dass die beiden sich liebten. Er hatte ein schlechtes Gewissen, dass er ihnen keine Nachricht hinterlassen hatte. Aber das hätte auch nichts geändert, weil weder sein Onkel noch seine Tante lesen konnten.

Rolf und Manuel lagen wach unter ihren Decken und starrten in den Nachthimmel. Es waren Milliarden von Sternen, die hell über ihnen leuchteten.

»Los, mach die Augen zu und wünsch dir was.« Rolf hatte eine Sternschnuppe entdeckt, die ihre leuchtende Bahn über den Himmel zog. »Wenn man eine Sternschnuppe sieht, darf man sich was wünschen. Das ist so.« Rolf schloss seine Lider und dachte ganz fest an seinen Vater.

»Du verrückt«, erklärte Manuel und lachte. Dann machte er schnell seine Augen zu und wünschte sich, dass er in Lourdes nicht zu lange auf seine Eltern würde warten müssen.

Als die Jungen ihre Augen wieder öffneten, war die Sternschnuppe verschwunden.

»In der Stadt sieht man so was nie«, sagte Rolf.

»Warum nicht?«, erkundigte sich Manuel.

»Da ist es viel zu hell«, erklärte Rolf. »Wegen der ganzen Lichter und der Reklame, habe ich dir doch erzählt.«

»Dort oben. Das ist großer Wagen«, sagte Manuel. »Siehst du?!«

»Nein, wo denn?«, fragte Rolf.

»Schaut aus wie Karren, den man zieht hinter sich«, erklärte Manuel. »Da links.«

»Jetzt sehe ich ihn auch.«

»Mein Vater gezeigt mir Sternbilder, als ich noch war ganz klein«, sagte Manuel. »Ich immer denke an ihn, wenn ich gucke in Himmel nachts.«

»Meinst du, er ist jetzt da oben?«, fragte Rolf.

»Wer?«, fragte Manuel zurück.

»Na dein Vater. Weil er doch tot ist.«

»Nein!«, erwiderte Manuel scharf. »Ich nicht glaube an Himmel oder Paradies. Ich glaube, wenn tot, dann tot.«

»Und was ist mit Gott?«, wollte Rolf wissen. »Meinst du, der wohnt irgendwo da oben?«

»Ich glaube auch an Gott nicht«, antwortete Manuel.

»Ich auch nicht. Wenn es ihn gäbe, wie könnte er dann zulassen, was hier unten auf der Erde passiert? Wie könnte er so jemanden wie Hitler zulassen?«

»Er nicht könnte. Oder es wäre böser Gott.«

»Könnte natürlich auch sein.« Rolf schaute nachdenklich in den Himmel. »Aber wenn es Gott nicht gibt, was glaubst du, ist dann da oben hinter den Sternen?«

»Sterne.«

»Und dahinter?«

»Sterne.«

»Und hinter denen?«

»Junge, der geht auf Nerven. Du zu viel Fragen stellen und jetzt besser schlaf. Wir morgen früh los.« Manuel rollte sich auf die Seite, sodass er sein Gesicht dem Wald und nicht Rolf zuwandte.

»Manuel?«

»Ja.«

»Ich wollte mich noch bedanken.«

»Wofür?«

»Dass du mich mitnimmst nach Lourdes. Auch wenn du mir nicht gesagt hast, wie weit das ist. Aber das ist mir egal. Hauptsache, ich treffe meinen Vater da wieder.«

»Vielleicht treffen, ich gesagt.«

»Ja, ich weiß, aber, wo soll er denn sonst hingehen, wenn sie ihn freilassen? Schließlich war es doch meine Schuld, dass er verhaftet wurde. Wegen Adi. Und jetzt ist alles vielleicht gar nicht so schlimm, weil ich ihn ja in Lourdes wiedersehe. Dafür wollte ich mich bedanken.«

»Schlaf jetzt.«

»Gute Nacht.«

»Nacht.«

Manuel wachte vor Rolf auf. Es war kühl, und er war froh, dass Esther ihnen die Decken gegeben hatte. Rolf lag neben ihm. Er schlief noch, genau wie Adi, der in der Nacht nach oben gerobbt war und sich an die Brust des Jungen gekuschelt hatte. Manuel rüttelte Rolf sanft an der Schulter.

»Was ist denn?«, murmelte Rolf verschlafen.

»Sie weg«.

Rolf richtete sich müde auf und sah sich im Lager um. Esther und ihre Gruppe waren mit den englischen Piloten verschwunden. Nur die platt gelegenen Stellen im Moos und das erloschene Feuer verrieten, dass außer Rolf und Manuel hier noch jemand übernachtet hatte.

»Sie sind weg«, wiederholte Rolf.

»Wie ich sage, aber schau.« Manuel zeigte auf zwei Schüsseln mit Eintopf, einen Beutel mit Brot und eine Salami, die Esther neben der Asche des Lagerfeuers abgestellt hatte. »Frühstück.«

Nachdem sie gegessen hatten, gingen die beiden zum See, um sich zu waschen und Zähne zu putzen. Dann packten sie die Decken ein und setzten ihren Weg fort. Der Pfad, dem Manuel nun folgte, führte sie von den Bergen in tiefere Regionen der Pyrenäen. Rechts und links des Weges blühten lila Rosmarinsträuche, die den Jungen fast bis zu den Hüften reichten.

Rolf dachte wieder an das Gespräch mit Esther und den merkwürdigen Blick, den sie Manuel zugeworfen hatte, als er von dem Treffen mit seinem Vater in Lourdes erzählt hatte. Schweigend lief er mit Adi hinter Manuel her.

»Warum Laune so mies?«, fragte Manuel, als sie schon ein paar Kilometer gelaufen waren.

»Man sagt nicht *Laune so mies*. Man sagt *schlecht gelaunt*. Und genauso gut könnte ich dich fragen: Warum bist du seit gestern Nacht plötzlich so kapital gut gelaunt?«

»Wir schon geschafft viele Meter auf Weg nach Lourdes«, erklärte Manuel. »Guter Grund für Laune gut.«

Rolf brummte etwas Unverständliches, aber Manuel ließ sich seine gute Stimmung nicht verderben.

»Eine Frage ich habe schon lange. Was heißt kapital? Du ständig verwendest Wort, ich nicht kenne.«

»Kapital bedeutet einfach nur gut, sehr gut, fantastisch, phänomenal, außergewöhnlich«, antwortete Rolf.

»Warum du dann nicht sagst einfach *gut?*«, fragte Manuel.

»Weil kapital einfach kapital besser klingt«, erwiderte Rolf trotzig.

»Das kapital Blödsinn ist.«

Manuel lachte. Rolf nicht.

»Was los?«, wollte Manuel wissen. »Sonne scheint, wir zu essen, warme Decken, und bald schon wir in Lourdes sind.«

»Wie bald?«, fragte Rolf.

»Sehr bald. Ich kapitale Nachricht habe.«

»Welche?«

»Rest von Strecke wir fahren Zug.«

»Mit dem Zug?«

»Wir in Nähe von Schienen gegen Abend. Morgen früh, wir auf Zug springen und fahren bis Lourdes direkt.« Manuel imitierte den Pfiff einer Dampflokomotive und lachte wieder.

Selbst die Aussicht, nicht die ganze Strecke laufen zu müssen, konnte Rolfs Laune nicht verbessern. Er hatte sich an die langen Strecken zu Fuß gewöhnt und spürte die Steine, die sich durch die dünnen Flechtsohlen der Espadrilles in seine Fußsohlen bohrten, schon lange nicht mehr. Rolf hatte das Gefühl, er könnte ewig so weiterlaufen. Mit dem Zug würden sie früher in Lourdes sein. Doch wollte er das überhaupt? Mal konnte es ihm gar nicht schnell genug gehen, dass sie ihr Ziel erreichten. Dann wieder hatte er plötzlich Angst davor, dass sein Vater in Lourdes vielleicht doch nicht auf ihn warten und auch niemals dort hinkommen würde. Aber das würde er wiederum erst wissen, wenn er da war.

Sein Vater war immer für klare Ansagen gewesen. Ein einziges Mal nur hatte er gezögert. Damals in Paris, als sie zu lange gewartet hatten, Rolfs Mutter in die USA zu folgen. Kurz darauf hatte die Wehrmacht Frankreich besetzt und es war zu spät gewesen. Besser, es nicht hinauszuzögern, entschied Rolf.

Adi spürte, dass mit seinem Herrchen etwas nicht stimmte. Doch seine Bemühungen, Rolf aufzuheitern, blieben erfolglos. Immer wieder schleppte der Terrier einen Stock an, den er neben dem Weg ablegte, damit Rolf ihn aufheben und für ihn werfen konnte. Aber Rolf würdigte die Stöcke keines Blickes und lief einfach an ihnen vorüber.

Manuel ließ sich von Rolfs Laune nicht stören. Er summte vergnügt eine Melodie vor sich hin und machte seinen Begleiter immer wieder auf besondere Pflanzen aufmerksam, die rechts und links ihres Weges wuchsen. Einmal kreiste ein Adler hoch über ihren Köpfen. Als Manuel auf den Vogel zeigte, schaute Rolf nicht einmal hoch, obwohl sich der Hirtenjunge ziemlich sicher war, dass Rolf in seinem ganzen Leben noch keinen Adler gesehen hatte.

Abends suchte Manuel für Rolf und sich einen Lagerplatz am Waldrand, wo sie ihre Decken ausbreiten und ein Feuer entfachen konnten. Manuel schnitt mit seinem Messer die Salami in Scheiben, und auch Adi bekam eine Portion von dem Proviant, den Esther für sie zurückgelassen hatte. Die Jungen aßen schweigend. Sie waren fast fertig, als Manuel ein paar Wildbienen entdeckte. Die Insekten flogen träge über ihre Köpfe hinweg und verschwanden in dem Wald, der hinter ihnen lag.

»Bin gleich da wieder«, sagte Manuel und stand auf.

»Wo willst du hin?«, fragte Rolf überrascht.

»Wo Bienen auch Honig«, erklärte Manuel. »Honig süß, hebt Stimmung.«

Manuel brauchte nicht lange zu suchen, dann hatte er den Bienenstock gefunden. Der Schwarm hatte sich am Rand einer kleinen Lichtung im Astloch eines Baumes eingenistet. Es lag etwa drei Meter über dem Boden, und die Bienen schwärmten ein und aus, um ihren Nektar abzuliefern und neuen zu holen. Manuel versuchte, den Baum hinaufzuklettern, um an die Honigwaben zu gelangen. Doch der Stamm war so glatt, dass er immer wieder abrutschte. Beim dritten Versuch war es ihm fast gelungen, einen der unteren Äste zu erreichen. Aber dann verlor er doch wieder den Halt und stürzte zurück auf den Boden. Fluchend blickte er zu dem Astloch hinauf. Dahinter lag der süße Honig, den er unbedingt haben wollte. Nicht nur für sich, sondern vor allem, um Rolfs Laune ein wenig aufzubessern. Manuel stand auf, um es erneut zu versuchen, als er hinter sich ein Brummen hörte. Der Hirtenjunge drehte sich um und da sah er ihn.

Keine fünf Meter von ihm entfernt stand ein Braunbär, den der Honig ebenfalls auf die Lichtung gelockt hatte. Der Bär war alt, abgemagert und besaß nur noch ein Auge, mit dem er Manuel neugierig musterte. Sein Vater hatte ihm beigebracht, dass das die gefährlichsten waren. Halb blind konnte der Bär nur noch leicht zu überwältigende Beute machen. Schafe, Ziegen oder Jungen, die sich in den Wäldern herumtrieben. Manuel tastete nach seinem Messer und fluchte ein zweites Mal. Er hatte es am Feuer liegen gelassen, nachdem er die Salami geschnitten hatte. Manuel traute sich nicht, um Hilfe zu rufen, weil er nicht wusste, wie das riesige Tier reagieren würde. Es konnte erschreckt weglaufen oder sich wütend auf ihn stürzen. Beides war möglich, doch so ausgehungert wie der Bär aussah, glaubte Manuel eher nicht, dass er sich so einfach von seiner Beute würde vertreiben lassen.

Langsam, ganz langsam versuchte Manuel, rückwärts in den Wald zu kriechen. Doch schon bei seiner ersten Bewegung fing der Bär an zu fauchen und machte ein paar Schritte auf ihn zu. Manuel erstarrte. Aus den Erzählungen seines Vaters wusste er, dass das seine einzige Chance war. Sich tot zu stellen und zu hoffen, dass der Bär sich zum Abendessen mit einer Portion Honig begnügte.

Rolf wunderte sich, wo Manuel so lange blieb.

»Meinst du, der ist abgehauen?«, fragte er Adi.

Der Terrier sah sein Herrchen mit geneigtem Kopf an und kläffte.

»Nein, das glaube ich auch nicht. Er hat ja seine ganzen Sachen und sogar sein Messer hiergelassen.«

Rolf blieb noch einen Moment neben dem Feuer sitzen, dann griff er nach seinem Beutel und Manuels Messer.

»Vielleicht braucht er das, um den Honig zu holen. Vielleicht dauert es deswegen so lange. Komm, wir gehen ihn suchen.« Rolf rief den Terrier zu sich und lief in den Wald, in dem Manuel vor etwa einer halben Stunde verschwunden war.

»Manuel, wo bist du?«, rief Rolf. »Manuel!«

Als Rolf mit Adi die Lichtung erreichte, sah er zuerst den Bären und erst dann Manuel, der vor dem riesigen Tier auf dem Boden lag. Der Bär stand über dem Hirtenjungen und stieß Manuel mit seiner Schnauze immer wieder in die Seite, um zu sehen, ob der regungslose Körper vor ihm noch lebte. Manuel bemühte sich, keine Reaktion zu zeigen, doch als er Rolf am Rand der Lichtung entdeckte, gab er ihm mit seiner Hand ein Zeichen, auf keinen Fall näher zu kommen. Manuel hoffte, dass der Bär die Bewegung nicht bemerken würde. Doch das Winken war dem hungrigen Tier nicht entgangen. Der Bär wusste nun: Was auch immer da vor ihm auf dem Waldboden lag, war keineswegs tot, sondern ein leichtes Opfer. Das riesige Tier stellte sich auf seine Hinterbeine und stieß ein lautes Brüllen aus. Schnell rollte sich Manuel zu einer Kugel zusammen, um dem Bären so wenig Angriffsfläche wie möglich zu bieten.

Rolf stand mit Adi noch immer am Rand der Lichtung und beobachtete, wie der Braunbär mit seinen Tatzen drohend durch die Luft hieb. Es war nur eine Frage der Zeit, bis sich das Tier auf Manuel stürzen würde. Rolf überlegte, ob er den Bären mit dem Messer angreifen sollte, das er in der Hand hielt. Er konnte ihm von hinten auf den Rücken springen und mit der Klinge auf ihn einstechen.

Aber dazu war der Weg zu weit.

Bevor er den Bären erreichen würde, hätte der Manuel längst getötet. Rolf musste ihn von Manuel weglocken. Er ließ das Messer fallen und hob einen Stein vom Boden auf. Rolf traf den Bären am Rücken, genau zwischen den Schulterblättern. Erschrocken drehte sich das Tier um. Erst jetzt sah Rolf, dass der Bär nur noch ein Auge hatte, mit dem er ihn wütend anstarrte. All der Mut, den Rolf eben noch besessen hatte, war plötzlich verschwunden. So als hätte er ihn mit dem Steinwurf von sich geschleudert. Rolf stand einfach nur da, wie gelähmt, unfähig sich zu rühren.

Der Bär ließ von Manuel ab und stürzte auf ihn zu. Rolf schloss die Augen und legte schützend die Arme um seinen Kopf. Er wusste, dass ihn das nicht retten würde. Das hungrige Tier würde ihn mit seinen Tatzen einfach zerreißen. Erst ihn und dann Manuel, schoss es Rolf durch den Kopf, als er hinter seinen zugekniffenen Lidern den Angriff des Bären erwartete.

Die Tube

Adi stand knurrend am Rand der Lichtung und fletschte die Zähne. Er war dort zurückgeblieben, als Rolf mit dem Stein in der Hand auf den Bären zugelaufen war. Jetzt stürzte der Terrier los. Kläffend warf er sich dem einäugigen Bären entgegen und verbiss sich im Fell des Tieres, noch bevor es Rolf erreicht hatte. Der Bär versuchte, den Terrier abzuschütteln, aber Adi ließ erst los, als ihn eine Tatze am Hinterlauf erwischte und durch die Luft schleuderte. Der Terrier landete auf dem Rücken, sprang aber sofort wieder auf die Beine und griff den Bären ein zweites Mal an. Rolf und Manuel waren dazu verdammt, dem ungleichen Kampf der beiden Tiere zuzusehen. Der Bär war größer und stärker als der Terrier, der immer wieder aufs Neue auf seinen Gegner losging, wenn es dem Bären gelungen war, ihn auf den Boden zu werfen. Aus dem Kampfgetümmel waren das Heulen des Hundes und das wütende Fauchen des Bären zu hören. Beide bluteten. Der Bär aus den Bisswunden und Adi, weil ihn bereits mehr als einmal die scharfen Bärenkrallen erwischt hatten. Der Terrier hockte jetzt auf dem Rücken des Bären, wo ihn die Tatzen nicht so leicht erreichen konnten. Er hatte sich festgebissen. Der Bär schüttelte sich wie ein wildes Pferd, das seinen Reiter abwerfen wollte. Doch Adi ließ sich nicht so leicht abwerfen. Erst als der Bär sich immer schneller im Kreis zu drehen begann, verlor Adi den Halt und landete auf dem Boden, wo er winselnd liegen blieb. Rolf schrie entsetzt auf. Er fürchtete, dass der Bär sich auf seinen wehrlosen Hund werfen würde. Auch Manuel begann zu brüllen. Von zwei Seiten schrien die Jungen auf den Bären ein, der sich überrascht umdrehte, noch einen Moment zögerte und dann in den Wald flüchtete.

Manuel und Rolf erreichten Adi fast gleichzeitig. Das weiße Fell des Terriers war rot von Blut und an seinem linken Hinterbein klaffte eine tiefe Wunde.

Adi versuchte, den Kopf zu heben, aber es gelang ihm nicht. Der Blutverlust hatte ihn geschwächt. Rolf beugte sich über ihn und nahm den Kopf des Hundes in beide Hände. Beschwörend flüsterte er: »Alles wird wieder gut. Ganz bestimmt wirst du gesund und dann kannst du wieder Kaninchen jagen.«

»Ich gleich wieder da.« Manuel stand auf und verschwand zwischen den Bäumen, während Rolf weiter auf Adi einredete. Er erzählte ihm, wie sie in Lourdes seinen Vater treffen würden. Gemeinsam mit Ludwig würden sie auf die spanische Seite der Pyrenäen wechseln und dann mit dem Zug ganz bequem bis nach Lissabon reisen. Dort bräuchten sie nur noch aufs Schiff zu steigen und über den Atlantik zu fahren. Rolf erzählte von der Freiheitsstatue, die sie im Hafen von New York begrüßen würde. Und er erzählte von seinem Versprechen, ihn Katja wieder zurückzugeben. In New York würde er es erfüllen, und dann würden sie endlich wieder alle zusammen sein: sein Vater, seine Mutter, Adi und er selbst.

»Aber vorher müssen wir dich waschen, du Held«, flüsterte Rolf. »Du bist ja ganz blutig. Mama kriegt einen Schock, wenn sie dich so sieht.«

Rolf bemühte sich, nicht zu weinen und einen unbeschwerten, heiteren Ton anzuschlagen. Aber das fiel ihm immer schwerer, weil er spürte, dass der Atem des Terriers flacher und seine Augen trüber wurden.

Endlich kam Manuel zurück. Er hatte seine Feldflasche und ein paar Kräuter dabei, die er im Wald gepflückt haben musste. Er kniete sich neben Adi und wusch ihm die Wunden mit Wasser aus. Dann presste er die Kräuter auf die schlimmsten Verletzungen, die der Bär Adi zugefügt hatte.

»Hilft«, erklärte der Hirtenjunge. »Besser als Medizin von Arzt.«

»Meinst du, er schafft es?«, fragte Rolf leise.

»Was?«, fragte Manuel zurück.

»Ob er es überleben wird?«, flüsterte Rolf.

»Klar, so schlimm Wunde nicht ist. Mithilfe von Kräutern er wird schaffen es«, erklärte Manuel. »Er tapferer Hund.«

»Das ist er.«

»Du auch.«

»Ich?«

»Wenn du nicht Stein geworfen, ich tot.«

Rolf sagte nichts, sondern beobachtete Manuel dabei, wie er Adi weiter verarztete. Er hatte nicht lange nachgedacht, als er den Stein aufgehoben und auf den Bären geworfen hatte. Er hatte es einfach getan, weil er es tun musste.

»Hat dir das auch dein Vater beigebracht?« Rolf zeigte auf die verschiedenen Kräuter, die Manuel neben sich auf den Boden gelegt hatte.

Manuel antwortete nicht, sondern kümmerte sich schweigend weiter um Adi, dessen Atem jetzt wieder kräftiger ging. Auch die Augen des Terriers waren klarer geworden.

»Tut mir leid, ich hatte vergessen, dass du nicht gerne über deine toten Eltern redest«, entschuldigte sich Rolf, der Manuels Schweigen missverstanden hatte.

»Sind sie nicht«, entgegnete Manuel.

»Was sind sie nicht?«, fragte Rolf verständnislos.

»Sie nicht tot. Sie leben.«

»Aber du hast doch gesagt, sie wären tot.«

»Ich dachte, sie tot. Sie aber nicht sind. Sie leben! An Abend, als du und ich uns das erste Mal getroffen, ich Gespräch zwischen Tante und Onkel belauscht. Gestern ich mit Esther besprochen. Sie kennt sie! Meine Eltern leben. Und sie manchmal sind in Lourdes, das Tante auch gesagt.«

»Deswegen wolltest du also unbedingt nach Lourdes«, sagte Rolf. »Erinnerst du dich noch an sie?«

»Kaum.«

»Manchmal fange ich auch schon an zu vergessen, wie meine Mutter aussieht. Sie ist so weit weg.« Rolf holte den

35. Mai aus seinem Beutel, zog das zerknitterte Foto seiner Mutter hervor und zeigte es Manuel.

»Hast du auch ein Foto von deinen Eltern?«

Manuel schüttelte den Kopf und betrachtete das Bild von Rolfs Mutter.

»Sie schön. Bald du sie wiedersiehst.«

»Ja, erst meinen Vater und dann sie.«

Manuel wandte sich wieder Adi zu, um weiter die Wunden des Terriers zu versorgen.

»Aber wieso hat man dir gesagt, dass sie tot sind?«, fragte Rolf.

»Um zu schützen mich. Sie gegen Faschisten kämpfen, das gefährlich.«

»Das ist es hier auch. Ich habe dir immerhin schon zwei Mal das Leben gerettet.«

»Wieso zwei?«

»Na, in dem See doch auch. Ohne mich wärst du da glatt ertrunken.«

Manuel lachte und gab Rolf einen leichten Stoß.

»Hey, was sollte das denn?«

»Ohne dich ich gar nicht erst in See gefallen. Und jetzt lass uns gehen und schlafen. Wir alle nötig.« Manuel nahm Adi vorsichtig auf den Arm und trug ihn zurück zu ihrem Lagerplatz.

Bevor sie sich schlafen legten, versorgte Manuel Adis Wunden noch einmal mit neuen Kräutern. Rolf las dazu aus dem *35. Mai* vor, weil Manuel ihn darum gebeten hatte und weil er hoffte, dass seine Stimme einen beruhigenden Einfluss auf Adi hatte. Rolf wählte sein Lieblingskapitel aus, das in der verkehrten Welt spielte. Dorthinein durften nur Kinder. Erwachsenen war der Zutritt bis auf wenige Ausnahmen verboten. Die Kinder benahmen sich in der verkehrten Welt wie die Großen. Sie trugen Anzüge und fuhren Autos. Es gab auch eine Schule, aber die war nicht für sie, sondern für »schwer erziehbare Eltern«. Manuel lachte viel, aber als die Stelle mit den Eltern kam, wurde er ganz ernst. Er musste an seinen Vater und seine Mutter denken. Rolf ging es genauso. Er steckte das Buch zurück in seinen Beutel und kuschelte sich mit Adi unter seine Decke. Auch Manuel legte sich hin. Einschlafen konnten sie beide nicht.

Nach dem Frühstück wuschen sich die Jungen an einer nahen Quelle und machten sich auf den Weg zu den Gleisen, von denen Manuel gesprochen hatte. Rolf und der Hirtenjunge wechselten sich damit ab, Adi zu tragen. Die Nacht hatte ihm gutgetan. Der Terrier streckte seinen Kopf aus Manuels Beutel und schien es zu genießen, nicht selbst laufen zu müssen.

Nach einer knappen Stunde hatten sie ihr Ziel erreicht. Die Schienen, für die man eine Schneise in den Wald geschlagen hatte, lagen direkt vor ihnen und führten einen steilen Anstieg hinauf. Manuel suchte für sie nach einem Platz, von dem aus sie einen guten Blick auf die Gleise hatten, ohne dass der Lokführer sie sehen konnte.

»Aber hier ist doch weit und breit gar kein Bahnhof«, bemerkte Rolf.

»Brauchen kein Bahnhof. Wegen Berg muss Zug langsam fahren. Wir springen auf. Ganz einfach.«

»Das soll einfach sein?«

»Kapital einfach.«

»Hast du das schon öfters gemacht?«

»Ich? Nein, noch nie.« Manuel hatte es sich mit Adi ein paar Meter vom Bahndamm entfernt bequem gemacht, um auf die Ankunft des Zuges zu warten. Er lag auf dem Rücken und beobachtete die Wolken, die über ihn hinwegzogen. Rolf seufzte, verkniff sich aber einen weiteren Kommentar, und setzte sich daneben.

»Du vorlesen, dann Zeit vergeht schneller«, schlug Manuel vor.

Aber Rolf hatte keine Lust vorzulesen. Ihm behagte die Vorstellung nicht, auf einen fahrenden Zug springen zu müssen. Gleichzeitig konnte er es kaum erwarten, dass die Lokomotive endlich kam, um sie nach Lourdes zu bringen. Immer wieder kletterte er den Bahndamm hinauf, um sein Ohr auf die Schienen zu legen. Er hatte mal gelesen, dass man am Vibrieren des Stahls spüren konnte, ob ein Zug kam oder nicht. Doch die Gleise blieben still und Rolf kletterte wieder zu Manuel und Adi hinunter.

»Wenn Lok kommt, wir hören früh genug«, rief der Hirtenjunge ihm zu.

»Und wann wird das sein?«, wollte Rolf wissen.

»Ich nicht weiß«, erwiderte Manuel. »Irgendwann er kommt.«

»Und der fährt wirklich täglich? Nicht, dass der nur einmal die Woche hier vorbeikommt und wir hocken fünf Tage umsonst hier rum. Da laufe ich lieber.«

Manuel hielt sich den Finger vor die Lippen und lauschte.

»Still! Wir Glück. Zug schon kommt.«

Aus der Ferne war das Schnaufen einer Lokomotive zu hören. Zuerst sahen sie nur eine Wolke mit weißem Rauch, der aus dem Schornstein quoll, etwas später dann auch die Dampflok, die sich schwer keuchend den Berg hinaufarbeitete. Manuel duckte sich und griff nach dem Beutel, in dem Adi steckte. Auch Rolf griff nach seiner Tasche, um ein letztes Mal zu kontrollieren, ob alles da war. Sein Buch, das Bild seiner Mutter, die Papiere, die ihm sein Vater gegeben hatte, und ... Rolf begann hektisch, den Beutel auszuleeren.

»Was das soll?«, fragte Manuel.

»Sie ist nicht da!«, erwiderte Rolf.

»Was nicht da?«, fragte Manuel.

Die Lokomotive war nur noch ein paar Meter von ihnen entfernt. Rolf antwortete nicht, sondern kramte weiter in seiner Tasche.

»Egal, los jetzt!« Manuel rannte mit Adi unterm Arm den Bahndamm hinauf und lief neben dem letzten Wagen des Zuges her.

Erst nach ein paar Metern bemerkte er, dass Rolf ihm nicht gefolgt war. Manuel hatte seine freie Hand schon nach dem Türgriff ausgestreckt, um sich auf den Wagen zu schwingen, zog sie nun aber wieder zurück und verlangsamte sein Tempo. Der Zug fuhr weiter und verschwand hinter einer Kurve.

»Was los ist? Worauf du gewartet?« Manuel war umgekehrt. Er stand oben auf dem Bahndamm und schaute zu Rolf hinunter.

»Die Zahnpasta ist weg!« Rolf zeigte auf seinen Beutel.

»Was?« Manuel starrte Rolf verständnislos an.

»Die Tube ist weg«, wiederholte Rolf.

»Habe ich weggeworfen. Heute Morgen. War leer«, erklärte Manuel.

»Du hast was?!«

»War leer.«

Rolf sprang wütend auf, rannte die Böschung hinauf und stürzte sich auf Manuel. Der Hirtenjunge war von dem Angriff so überrascht, dass er sich von Rolf zu Boden werfen ließ. Adi, der sich aus der Tasche befreit hatte, kläffte aufgeregt, weil er nicht verstand, warum die Jungen sich prügelten. Manuel verstand es auch nicht. Er und Rolf wälzten sich auf dem Schotter zwischen den Schienen, bis es dem Hirtenjungen endlich gelang, Rolf auf die Erde zu drücken. Er hockte über ihm und presste Rolfs Hände rechts und links neben dessen Kopf auf die Schwellen.

»Wir müssen zurück«, keuchte Rolf.

»Ich lauf nicht zurück Strecke ganz. Du verrückt!«, erwiderte Manuel.

»Nicht die ganze Strecke. Nur bis zur Quelle.«

»Warum?« Manuel lockerte den Griff und gab Rolf frei.

»Wir müssen einfach. Reicht das?«

»Nein.«

»Dann gehe ich alleine.« Rolf hatte sich aufgerichtet und klopfte sich den Dreck von seiner Hose.

»Wegen leerer Tube?!«

»Das verstehst du nicht.« Rolf holte sich seinen Beutel und nahm Adi auf den Arm. Dann ging er in die Richtung, aus der sie gekommen waren.

Manuel sah Rolf nach, schüttelte den Kopf und lief ihm hinterher.

»Warte!«

»Wo hast du sie genau hingeworfen?« Rolf kroch auf allen vieren unter einen Busch. Er suchte in der Umgebung der kleinen Quelle, an der sie sich am Morgen gewaschen hatten, nach der Zahnpastatube.

»Weiß nicht«, erwiderte Manuel, der neben Adi saß und dem Terrier den Kopf kraulte. »Irgendwo.«

»Du könntest ruhig mal helfen?!«, sagte Rolf.

»Erst du sagst, warum Tube wichtig«, erwiderte Manuel.

Rolf robbte unter dem Busch hervor und ging auf Manuel zu.

»Weißt du, was ich glaube? Ich glaube, du hast die gar nicht weggeworfen. Du hast sie eingesteckt!«

»Was?«

»Gib es schon zu! Du hast sie geklaut!«, rief Rolf wütend.

»Warum ich sollte? War leer! Und selbst wenn voll. Ich niemals klaue!« Manuel war aufgesprungen und jetzt genauso wütend wie Rolf. Die beiden standen sich gegenüber und wären erneut aufeinander losgegangen, wenn Adi nicht plötzlich gekläfft hätte.

Der Terrier hatte sich zu einem Baum geschleppt und verbellte ein Eichhörnchen, das knapp unterhalb des Wipfels auf einem Ast saß. Als die Jungen zu Adi und dem Eichhörnchen hinüberschauten, sahen sie, dass das Tier die Tube zwischen seinen Pfoten hielt und neugierig betrachtete. Als Adi weiter kläffte, ließ das Eichhörnchen die

Zahnpastatube los und verschwand zwischen den Blättern des Baumes. Die Tube fiel und blieb in einer Astgabel zwei Meter über dem Boden hängen.

»Das muss echt besondere Tube sein, wenn dahinter alle her.« Manuel lachte.

»Quatsch nicht und hilf mir«, erwiderte Rolf.

Manuel stellte sich mit dem Rücken an den Baum und hielt seine Hände so, dass Rolf hinaufsteigen und die Astgabel erreichen konnte, auf dem die Zahnpastatube lag.

»Können zurück wir jetzt zu Gleisen?«, fragte Manuel, als Rolf wieder auf dem Waldboden stand.

»Klar.« Rolf verstaute die Tube in seinem Beutel. Über das Geheimnis, das sie barg, sagte er nichts.

Auf dem Klo

Rolf und Manuel lagen in ihrem Versteck unterhalb des Bahndamms und warteten auf die nächste Lokomotive, die sich schnaufend den Anstieg hinauf quälen würde. Ihr Streit wegen der Tube war noch nicht vergessen. Die Jungen starrten schweigend in die Richtung, aus der der Zug kommen musste. Adi, der die Spannung spürte, humpelte zwischen Rolf und Manuel hin und her. Mal stupste er den einen mit seiner Nase an, dann den anderen, als wollte er die Jungen dazu bringen, sich endlich wieder zu versöhnen.

»Es tut mir leid«, sagte Rolf plötzlich.

»Was leid?«, fragte Manuel.

»Dass ich geglaubt habe, du hättest die Tube geklaut. Das tut mir leid. Entschuldige bitte.«

Manuel schwieg.

»Was ist jetzt? Nimmst du meine Entschuldigung an?«

Manuel brummte nur zustimmend, weil in der Ferne bereits die Lokomotive zu hören war. Rolf und Manuel machten sich bereit, den Bahndamm hinaufzustürmen und auf den letzten Wagen des Zuges aufzuspringen. Rolf nahm Adi auf den Arm und presste den Terrier eng an sich. Als die Lokomotive in ihrer Höhe war, flüsterte Manuel: »Jetzt!«

Die Jungen stürmten die Böschung hoch und rannten neben dem Zug her. Manuel griff als Erster nach dem Geländer der schmalen Plattform am Ende des Wagens. Er lief noch zwei Schritte neben dem Wagen her, dann sprang er ab und zog sich auf die Trittstufen. Rolf reichte ihm Adi, dann versuchte er, selbst aufzuspringen. Er streckte seine Hand aus, um das Geländer zu erreichen, fand mit seinen Fingern aber keinen Halt. Er stolperte und konnte sich gerade noch auf den Beinen halten, sonst wäre er zwischen die Gleise gestürzt und vom Zug überrollt worden.

»Lauf!«, brüllte Manuel ihm zu.

Rolf war zurückgefallen. Er musste den Berg hinaufsprinten, um den Rückstand wieder aufzuholen. Doch auch sein zweiter Versuch, das Geländer zu erwischen, misslang. Manuel, der Rolf mit seiner freien Hand am Arm packen und zu sich auf die Plattform ziehen wollte, griff daneben. Wieder fiel Rolf zurück, und wieder musste er rennen, um sich erneut an den letzten Wagen heranzuarbeiten. Von der Plattform aus konnte Manuel sehen, wie schwer Rolf das Laufen fiel. Der Zug hatte die Kuppe des Berges jetzt schon fast erreicht. Rolf keuchte, weil er keine Luft mehr bekam, und seine Oberschenkelmuskeln brannten. Er hatte noch einen letzten Versuch. Wenn die Lokomotive die höchste Stelle erreicht hatte, würde sie wieder Fahrt aufnehmen und er keine Chance mehr haben, sie noch einmal zu erreichen. Rolf biss die Zähne zusammen und kämpfte sich wieder an den letzten Wagen heran. Manuel hatte Adi auf der Plattform abgesetzt und lehnte sich weit hinaus. Er reichte Rolf seine Hand, aber Rolf fehlten noch gut drei Meter. Dann nur noch zwei, einer … Rolf packte zu und spürte den festen Griff von Manuels Fingern. Der Hirtenjunge riss Rolf mit einem Ruck zu sich hoch. Rolf stieß sich das Knie an einer der eisernen Stufen, als er neben Adi auf der Plattform landete. Aber das war ihm egal. Er hatte es geschafft. Sie hatten es geschafft. Sie waren auf dem Zug, der sie auf direktem Weg nach Lourdes bringen würde.

»Besser als laufen, stimmt nicht?«, fragte Manuel.

»Geht so«, sagte Rolf und grinste zurück. »Drinnen ist es aber sicher noch ein bisschen bequemer. Hier draußen zieht es ein wenig.«

»Dann wir suchen Platz drinnen.« Manuel öffnete die Tür am Ende des Wagens und schob Rolf hinein. Auf den Holzbänken saßen nur wenige Reisende und die schienen sich nicht sonderlich für die beiden Jungen und ihren Hund zu interessieren. Die meisten schauten nicht einmal auf, als Rolf und Manuel mit Adi an ihnen vorübergingen.

»Wir haben keine Fahrkarten«, flüsterte Rolf. »Was ist, wenn wir kontrolliert werden?«

»Verstecken«, antwortete Manuel.

»Und wo?«

»Überraschung.«

Auf dem engen Zugklo, in dem sich die Jungen eingeschlossen hatten, stank es bestialisch. Selbst in dem Lager, in dem die Franzosen ihn und seinen Vater eingesperrt hatten, war der Geruch auf dem Klo nicht so scheußlich gewesen wie hier, dachte Rolf. Er hielt sich mit der freien Hand die Nase zu, und auch Adi, den er auf dem anderen Arm trug, zog die Nase kraus und versuchte seine Schnauze in Rolfs Achselhöhle zu verstecken.

»Hier stinkt es!«, näselte Rolf.

»Du gewöhnst dich«, erwiderte Manuel unbeeindruckt.

Rolf wollte gerade erwidern, dass er sich daran bestimmt nicht gewöhnen würde, als es von draußen an die Tür klopfte.

»Fahrkarte, bitte!«, rief eine Männerstimme auf Französisch.

Manuel erwiderte etwas, das Rolf nicht verstand, obwohl sein Französisch nach den Jahren in Paris ganz passabel war. Der Hirtenjunge hatte auf Katalanisch geantwortet, einer Sprache, die sowohl auf der französischen als auch der spanischen Seite der Pyrenäen und sonst nirgendwo gesprochen wurde.

»Oh Pardon«, erwiderte die Stimme hinter der Tür, dann hörten die Jungen Schritte, die sich eilig entfernten.

»Was hast du dem denn gesagt, dass der so schnell wieder verschwindet?«, fragte Rolf neugierig.

»Ich gesagt ihm, dass Durchfall ich habe und Eingeweide mir aus Bauch scheiße.« Manuel griff grinsend in seinen Beutel und holte die Packung Zigaretten heraus. Er zündete sich eine an und reichte sie an Rolf weiter.

»Nein, danke«, lehnte Rolf ab.

»Hilft gegen Gestank.« Manuel nahm einen Zug und pustete den Rauch in den kleinen Raum. Rolf fing an zu husten, weil der Qualm den ekelhaften Geruch nicht überlagerte, sondern noch verstärkte.

»Ich habe es mir anders überlegt, ich nehme doch einen Zug«, erklärte Rolf, als das Husten nachgelassen hatte.

Manuel reichte ihm die Zigarette. Rolf nahm sie und warf sie in die Kloschüssel. Durch das Loch im Boden fiel die glühende Zigarette auf die Bahnschwellen, versprühte dort ein paar Funken und war nicht mehr zu sehen.

»Du spinnst?«, rief Manuel wütend. »Zigaretten wertvoll. Wertvoller als Geld!«

»Warum verbrennst du es dann?«, fragte Rolf unbeeindruckt. »Der Qualm hat noch mehr gestunken und außerdem ist Rauchen gar nicht gesund.«

»Woher du willst wissen? Alle rauchen!«

»In Paris hat mein Vater einen Arzt kennengelernt«, antwortete Rolf. »Der hat es ihm erklärt. Davon kann man ganz üble Krankheiten kriegen. Da hat mein Vater sofort aufgehört ... für zwei Tage.«

Rolf musste grinsen. Er dachte zurück an Paris, an die Zeit mit seiner Mutter dort und die Zeit, als sie schon fort war und er mit seinem Vater allein zurückgeblieben war.

»Das Klo hier erinnert mich an meinen Vater. In Paris haben wir uns bei einer Razzia auch mal auf dem Klo versteckt«, erzählte Rolf.

Das war kurz nach dem Einmarsch der Wehrmacht in Frankreich gewesen. Die Franzosen hatten die Cafés, in denen sich die deutschen Flüchtlinge trafen, durchsucht.

»Echt?«

»Ja, auf dem Damenklo. Da haben sich die französischen

Polizisten nicht reingetraut. Zumindest damals nicht, heute haben die da weniger Hemmungen.«

Rolf erinnerte sich noch genau, wie er mit Adi und seinem Vater in der engen Kabine gehockt und gehofft hatte, dass man sie nicht finden würde. Später hatte man sie doch erwischt. Bei einer Passkontrolle auf der Straße, die sie zu spät bemerkt hatten. Aber damals auf dem Damenklo in Paris waren sie entwischt, genau wie in Marseille, wo sie sich vor der Razzia in der Küche versteckt hatten. Und sie würden ihnen auch ein drittes Mal und endgültig entwischen, da war sich Rolf plötzlich ganz sicher. Wenn er und sein Vater wieder zusammen waren, würden sie nach Spanien gehen und Hitler eine lange Nase drehen. Bei dem Gedanken musste Rolf lachen. Manuel lachte mit und vor lauter Lachen vergaßen die Jungen sogar den Gestank um sie herum.

Während der langen Fahrt bemühte sich Rolf, nichts anzufassen und sich nirgendwo anzulehnen. Er fand das Klo eklig. Es sah nicht so aus, als ob es in den letzten Wochen gereinigt worden wäre. Um sich abzulenken, schaute Rolf durch das Loch in der dreckigen Kloschüssel und zählte die Bahnschwellen, die im immer selben Rhythmus auftauchten und wieder verschwanden. Manuel hatte mit seiner Jacke ein Guckloch in die verdreckte Scheibe gewischt. Er schaute hinaus und beobachtete die Landschaft, die an ihnen vorbeizog. Draußen wechselten sich Wälder, Täler und Bäche wieder mit Wäldern ab. Erst als vor dem Fenster die ersten Gebäude auftauchten und die nahende Stadt ankündigten, drehte er sich wieder zu Rolf um.

»Draußen Häuser. Wir bald da.«

»Woher weißt du, dass es Lourdes ist. Könnte doch auch eine andere Stadt sein?«, fragte Rolf.

»Gibt keine andere Stadt hier«, erklärte Manuel und entriegelte die Tür.

»Wo willst du hin?«, fragte Rolf.

»Wir aussteigen.«

»Aber der Zug hält doch noch gar nicht?«

»Wir nicht warten, bis hält. Wir springen ab vorher.«

»Wieso das denn?«

»Am Bahnhof sie wollen sehen Pässe und ich keinen habe«, erwiderte Manuel.

»Du hast keinen Pass?«

»Bisher, ich keinen brauchte. Und jetzt komm, sonst zu spät.«

Rolf atmete einmal tief durch, dann lief er mit Adi auf dem Arm Manuel hinterher. Der Hirtenjunge rannte durch den Wagen zurück auf die Plattform am Ende des Zugs. Dort warteten die Jungen, bis die Lokomotive an einer leichten Steigung etwas langsamer wurde.

»Ich denke, das mit dem Abspringen ist keine so kapital gute Idee«, bemerkte Rolf, dem das Tempo immer noch viel zu schnell war. »Können wir nicht doch bis zum Bahnhof warten?«

»Nicht warten, nicht denken, springen. Da vorne auf Wiese«, erwiderte Manuel und stieß sich so weit von der Plattform ab, dass er über den Schotter des Bahndamms hinwegflog und auf dem Rasen landete.

Rolf drückte Adi fest an seinen Bauch, schloss die Augen und sprang hinterher.

Die Jungen überschlugen sich ein paar Mal, bevor sie liegen blieben. Manuel stand als Erster wieder auf. Abgesehen davon, dass ihm die Schulter wehtat, hatte er den Sprung unverletzt überstanden. Adi hatte sich freigestrampelt und bellte aufgeregt, weil sein Herrchen sich nicht bewegte.

Manuel beugte sich über Rolf, der immer noch regungslos auf dem Bauch lag. Auf dem Rücken und am Hinterkopf konnte der Hirtenjunge keine Verletzungen erkennen. Blut war jedenfalls keines zu sehen, und auch Rolfs Beine und Arme schienen nicht gebrochen zu sein, stellte Manuel erleichtert fest.

»Gut alles?«, fragte er besorgt, erhielt aber keine Antwort. »Sag, dass gut dir geht! Kapital gut.«

Der Hirtenjunge wartete, und erst als Rolf immer noch nicht reagierte, ging er in die Knie. Sein Herz schlug rasend schnell. Er hatte Angst vor dem, was er vielleicht gleich sehen würde. Vielleicht war Rolf mit dem Gesicht gegen einen Stein geschlagen oder er hatte sich bei dem Sprung das Genick gebrochen. Manuel streckte die Hand nach Rolfs Schulter aus, um ihn auf den Rücken zu drehen. Doch bevor seine Finger die zerrissene Jacke seines Freundes berührten, sprang Rolf mit einem Satz auf und brüllte, so laut er konnte: »Buhh!«

Manuel zuckte zurück und landete vor Schreck auf seinem Po. Auch Adi machte einen Satz nach hinten und kläffte jetzt noch lauter.

»Das nicht lustig!«, schimpfte Manuel wütend.

»Entschuldige«, beschwichtigte Rolf, als er Manuels erschrockenes Gesicht sah. »Freu dich lieber, dass wir das beide unverletzt überstanden haben.«

»Wegen mir, du hättest brechen können Hals dir«, brummte Manuel immer noch beleidigt.

»Jetzt stell dich mal nicht so an. Ich war einfach nur erleichtert, dass ich diesen Wahnsinnssprung überlebt habe. Da wollte ich ein bisschen Spaß machen. Wo müssen wir denn jetzt lang?« Rolf hielt dem Hirtenjungen die Hand hin, um ihm beim Aufstehen zu helfen.

»Wir nähern uns Stadt durch Wälder.« Manuel ignorierte Rolfs ausgestreckten Arm.

»Warum folgen wir nicht einfach den Schienen?«, erkundigte sich Rolf. »Die bringen uns doch automatisch nach Lourdes.«

»Zu gefährlich.« Manuel zeigte auf ein paar Häuser, die in der Entfernung am Rande der Gleise standen. »Besser wir begegnen wenig Menschen. Im Wald es alleiner ist.«

»Worauf warten wir dann noch? Lass uns gehen.« Rolf nahm Adi hoch und setzte ihn in seinen Beutel, um den Terrier besser tragen zu können. Adi knurrte leise, so als würde auch er seinem Herrchen das Tote-Mann-Spielen auf der Wiese immer noch übel nehmen.

»Erste gute Idee seit Langem«, erwiderte Manuel und erhob sich.

»Es heißt übrigens nicht *alleiner*, sondern *einsamer*«, bemerkte Rolf. Manuel antwortete nicht, sondern ging über die Wiese auf den Wald zu.

»Ich hoffe, du kennst den Weg«, rief Rolf ihm nach. »Wäre ja doof, wenn wir uns auf den letzten Metern noch verlaufen würden.«

Manuel brummte nur ein paar Worte, die Rolf nicht verstehen konnte. Französisch oder Deutsch war es nicht.

Er vermutete, dass es Katalanisch war und nichts besonders Freundliches bedeutete.

Rolf störte das nicht. Er war kurz vor seinem Ziel. Schon bald würde er seinen Vater wiedersehen. Daran gab es für ihn jetzt gar keinen Zweifel mehr. Die waren mit jedem Kilometer, den sie sich Lourdes genähert hatten, geschmolzen wie der Schnee auf den Gipfeln der Pyrenäen. In Lourdes war der Frühling eingekehrt und auf den Wiesen um sie herum blühten die ersten Blumen. Rolf hängte sich den Beutel mit Adi über die Schulter und folgte Manuel, der mit langen Schritten auf den Waldrand zumarschierte.

»Was ist?« Manuel drehte sich um, weil Adi hinter ihm zu knurren begonnen hatte. Sie liefen durch einen Wald, in dem es keine festen Wege gab. Immer wieder mussten sie über umgestürzte Bäume steigen.

»Ruhig, Adi. Ganz ruhig«, versuchte Rolf, den Terrier zu beruhigen. Doch der Hund knurrte immer lauter, bis Rolf ihm die Schnauze zuhielt.

Manuel gab Rolf ein Zeichen, ganz still zu sein und ihm zu folgen. Die Jungen schlichen hinter einen Baum, der dick genug war, um sich dahinter verstecken zu können.

»Hoffentlich nicht wieder so ein grässlicher Bär«, flüsterte Rolf.

»Wir zu nah an Stadt für Bär«, entgegnete Manuel leise.

»Wieso knurrt Adi dann?«

Statt einer Antwort deutete Manuel nach vorne. Etwa zweihundert Meter von ihnen entfernt tauchten Soldaten auf, die sich langsam näherten.

»Schaut mal da hinten nach. Vielleicht versteckt er sich dort«, rief einer der Männer auf Deutsch.

»Das sind Deutsche«, entfuhr es Rolf.

»Patrouille, Esther gewarnt vor«, flüsterte Manuel.

Die Soldaten waren jetzt schon so nah, dass die Jungen sie besser erkennen konnten. Vier der Männer waren französische Soldaten, die zwei anderen trugen deutsche Uniformen.

»Der ist weg, den kriegen wir nicht mehr«, brüllte der deutsche Soldat zurück.

»So weit kann er noch nicht sein«, erwiderte sein Kamerad.

Die Männer hatten die Jungen fast erreicht. Es waren höchstens noch fünfzig Meter, die sie von ihnen trennten, schätzte Rolf. Eher weniger. Die Deutschen schauten unter jeden Strauch und hinter jeden Busch, während sich die französischen Soldaten eher lustlos an der Suche beteiligten.

Rolf hielt Adi immer noch die Schnauze zu, damit er sie nicht ein zweites Mal durch sein Kläffen verriet. Die Jungen wagten kaum zu atmen. Manuel drängte sich noch ein Stück dichter an den Baum, als wollte er mit ihm verschmelzen. Dabei trat er mit dem Fuß auf einen morschen Ast. Das Knacken des trockenen Holzes klang in den Ohren der Jungen lauter als der Donner eines Gewitters. Auch die Soldaten hatten es gehört.

»Da vorne! Da ist jemand«, rief einer der deutschen Soldaten.

Die Männer kamen jetzt direkt auf sie zu. Genau wie damals am Hang, als Rolfs Vater festgenommen wurde.

Rolf hielt die Spannung nicht mehr aus. Er drehte sich um und lief mit Adi auf dem Arm davon, weg von den Männern, weiter in den Wald hinein. Manuel rannte hinterher.

Einer der Soldaten riss sein Gewehr hoch und schoss auf sie. Drei, vier Mal hörten die Jungen es hinter sich knallen. Dann brüllte einer der Deutschen: »Hört auf zu schießen! Das sind doch nur zwei Kinder.«

Rolf und Manuel liefen einfach weiter, auch als längst klar war, dass sie von niemandem verfolgt wurden. Sie rannten, bis sie so erschöpft waren, dass sie beide hätten kotzen können.

Die Stadt

Rolf hatte die Hände auf die Knie gestützt und atmete schwer. Auch Manuels Puls ging immer noch schnell. Er hockte auf dem Boden und hatte den Rücken gegen einen Baumstamm gelehnt.

»Das war kapital knapp«, keuchte Rolf. Er richtete seinen Oberkörper auf und schaute Manuel an. Er versuchte ein verwegenes Grinsen. Aber der Ausdruck misslang ihm, weil er immer noch schlecht Luft bekam.

»Du verletzt!« Der Hirtenjunge zeigte auf Rolfs Schläfe.

»Wo?«

»An Kopf. Streifschuss«, erwiderte Manuel.

Rolf griff sich an die Stirn. Er spürte etwas Nasses. Als er die Hand wieder herunternahm, sah er das Blut an seinen Fingern.

»Hab ich gar nicht gemerkt«, murmelte Rolf. »Dann war es ja noch kapital knapper, als ich dachte.«

»Tut weh?«, erkundigte sich Manuel.

»Nö«, erwiderte Rolf und wischte das Blut an seinen Fingern am Moos ab.

»Schmerz später kommt«, sagte Manuel. »Ich gleich suche Kräuter. Selben wie bei Adi. Helfen auch dir.«

Als hätte er darauf gewartet, dass jemand seinen Namen nannte, kletterte der Terrier aus Rolfs Tasche. Trotz der Schmerzen in seinem Bein, versuchte er, an seinem Herrchen hochzusteigen, um ihm das Blut von der Wunde zu lecken.

»Lass das Adi! Das kitzelt!« Rolf bemühte sich vergeblich, den Terrier auf Abstand zu halten.

»Wäre gewesen blöd, wenn sie erschossen dich. So kurz vor Ziel«, bemerkte Manuel.

»Ich dachte, dir wäre es egal, wenn ich mir den Hals breche«, sagte Rolf und grinste.

»Nicht egal ganz«, entgegnete Manuel ernst.

Manuels Antwort machte Rolf verlegen. Er wusste nicht, was er erwidern sollte, und griff sich erneut an die Stirn. Er spürte, wie sich dort bereits eine Kruste über der Wunde bildete, weil das Blut zu trocknen begann.

»Wenn die deutschen Soldaten alle so schlecht schießen, verliert Hitler den Krieg bestimmt«, sagte Rolf.

»Genau, dann alles gut.«

»Dann könnte meine Mutter nach Berlin zurückkommen und wir würden alle wieder zusammenleben.«

»Und ich mit Eltern meinen auch.«

»Und du könntest mich besuchen. Dann siehst du endlich mal eine große Stadt! Ich würde dir alles zeigen. Das Brandenburger Tor, das Schloss und den Reichstag. Die Autos und die Straßenbahnen. Und natürlich nachts die

Werbung! Und die vielen, vielen Lichter! Millionen von Lichtern. Mehr, als es Sterne am Himmel gibt. Bis dahin habe ich dir auch vernünftig Deutsch beigebracht, man sagt nämlich nicht *Eltern meinen*, sondern *meinen Eltern.*«

»Aber zuerst ich suche Kräuter für Wunde«, entgegnete Manuel und zeigte auf den Streifschuss an Rolfs Stirn. »Sonst entzündet und du tot, bevor du mir zeigen kannst deine große Stadt.«

»Du wirst Augen machen, wenn du das siehst«, sagte Rolf. »Das kannst du mir glauben.«

»Ich dir glaube«, erwiderte Manuel und verschwand zwischen den Bäumen.

Rolf setzte sich auf den Boden und bettete seinen Kopf auf das weiche Moos. Er fühlte sich mit einem Mal unglaublich müde. Die Wunde fing jetzt an zu pochen. Um sich abzulenken, streichelte er Adi, der es sich neben ihm bequem gemacht hatte. Rolf stellte sich vor, wie er mit Manuel durch Berlin lief und ihm alle Sehenswürdigkeiten zeigte: die berühmten Bauten, die breiten Boulevards und die vielen, vielen Menschen und Autos, die sich in den Straßen drängten. Am Wochenende aber würden sie mit Rolfs Eltern raus zu den Seen fahren. Dann könnten sie zusammen schwimmen gehen. Das hatte er Manuel ja schon beigebracht. Sein Deutsch würde in Berlin bestimmt noch viel besser werden und dann würde Manuel auch lesen lernen. Damit er den *35. Mai* selbst lesen konnte. Den und noch viele andere Bücher. Das würde alles geschehen, wenn Hitler den Krieg verloren hatte, dachte Rolf, kurz bevor er einschlief.

Als Manuel zurückkam, schlief Rolf immer noch. Er wachte erst auf, als der Hirtenjunge ihm die Schusswunde mit Wasser säuberte und ihm Pflanzen auf die Stirn legte.

»Aua!«, schrie Rolf auf, weil die Kräuter in seiner Wunde brannten.

»Sei Mann, nicht Mädchen«, sagte Manuel. »Adi auch nicht gezuckt hat.«

»Der ist ja auch ein Hund«, antwortete Rolf.

»Wo Unterschied? Hund oder Mensch, alle gleich«, erwiderte Manuel achselzuckend. »Ich Höhle entdeckt. Da wir können schlafen.«

»Ist das weit von hier?«

»Nein«, antwortete Manuel. »Steh auf, dann ich helfe dir.«

»Keine Sorge, das schaffe ich schon alleine«, erwiderte Rolf und erhob sich mühsam.

»Dann ich trage Adi«, sagte Manuel. »Hund nicht stur so wie du.«

Der Hirtenjunge hob den Terrier hoch und führte Rolf durch den Wald zu der kleinen Höhle, die er beim Kräutersammeln gefunden hatte. Der Weg war nicht weit, genau wie Manuel gesagt hatte. Schon bald saßen die Jungen geschützt im Eingang der Höhle und aßen die letzten Vorräte, die Esther ihnen eingepackt hatte.

»Meinst du, sie haben ihn gesucht?«, wollte Rolf wissen.

»Wen?«, fragte Manuel.

»Na, die Soldaten«, antwortete Rolf. »Meinst du, sie waren hinter meinem Vater her? Könnte doch sein, oder?«

»Weiß nicht. Viele auf Flucht«, entgegnete Manuel ausweichend.

»Aber sein könnte es schon. Du hast doch gesagt, er ist auf dem Weg nach Lourdes«, beharrte Rolf.

»Warum nicht. Möglich.«

»Sag ich doch«, erwiderte Rolf zufrieden.

»Lass uns schlafen. Hier trocken. Morgen wir weiter, dann wir am Vormittag sind in Lourdes.«

»Soll ich noch was vorlesen? Aus dem *35. Mai*? Da gibt es auch ein Kapitel, da trifft der Junge auf Napoleon und Julius Cäsar.«

»Wer die sind? Ich nicht kenne.«

»Das waren berühmte Feldherren.«

»Feldherren? Bauern, du meinst.«

»Wie kommst du denn da drauf?«, fragte Rolf.

»Herren über Felder, du gesagt«, erklärte Manuel.

»Damit sind doch keine Getreidefelder gemeint, sondern Schlachtfelder. Feldherren nennt man die Anführer von Armeen. Napoleon und Cäsar haben kapitale Schlachten gewonnen.« Rolf hatte das Buch aus seiner Tasche geholt.

»Und leben noch diese Feldherren? Kämpfen gegen Hitler?«

»Nein, die sind doch tot.« Rolf lachte. »Schon ewig.«

»Wie kann Junge in Buch dann treffen sie? Blödsinn das alles. Auch Pferd mit Rollschuhen Blödsinn ist.«

»Aber das ist doch nur eine Geschichte! Das hat sich Kästner alles nur ausgedacht.« Rolf verstand nicht, warum Manuel sich plötzlich so aufregte.

»Eben, alles nur ausgedacht.« Manuel machte mit dem Arm eine Bewegung, mit der nicht nur die Höhle, sondern die ganze Welt gemeint war. »Aber hier, das echt ist! Ist

Leben wahres. Du aber lebst in Traumwelt. In Welt voll von Fanata … Fatana … Fasata …«

»Fantasie?«

»Genau, in Welt voll von Fantasie.«

»Ich muss dir nicht vorlesen, wenn du nicht willst«, erwiderte Rolf eingeschnappt.

»Ich auch nicht muss zuhören dir«, entgegnete Manuel. »Ich müde, ich schlafe.«

Die Jungen suchten sich einen Platz in der Höhle, um sich hinzulegen. Beide achteten darauf, dass sie ihre Decken möglichst weit voneinander entfernt ausbreiteten. Adi stand unschlüssig zwischen ihnen. Immer wieder humpelte er von einem zum anderen, weil er sich nicht entscheiden konnte, bei wem er übernachten sollte. Erst als es draußen vor der Höhle schon dunkel wurde, kuschelte er sich in Rolfs Kniekehle.

Auch am nächsten Morgen war die Stimmung zwischen den Jungen angespannt, obwohl Rolf immer noch nicht verstand, warum Manuel so gereizt auf den *35. Mai* reagiert hatte. Die beiden Jungen sprachen nur das Nötigste, während sie frühstückten und ihre Sachen zusammenpackten. Obwohl seine Wunde am Kopf wieder angefangen hatte zu pochen, bestand Rolf darauf, Adi zu tragen. Manuel hatte ihm angeboten, den Terrier zu übernehmen. Doch Rolf hatte abgelehnt und sich auch nicht überwinden können, Manuel nach den Kräutern zu fragen, die seine Schmerzen lindern würden.

Ihr Ziel war eine Straße, die sie direkt nach Lourdes führen sollte. Sie lag nur ein paar Kilometer von der Höhle entfernt. Auch das hatte Manuel bei seiner Suche nach den Kräutern ausgekundschaftet.

»Und was machen wir jetzt?«, fragte Rolf, als sie den Waldrand erreicht hatten.

Er und Manuel lagen flach auf dem Boden und beobachteten die Straße, die unter ihnen lag und auf der am frühen Morgen schon viele Autos, Eselkarren, Pferdefuhrwerke, Flüchtlinge, ausgemusterte Soldaten, Pilger und Bauern, die ihr Obst und Gemüse auf dem Markt verkaufen wollten, unterwegs waren. Polizisten waren keine zu sehen und Soldaten in deutschen Uniformen auch nicht.

»Wir mischen unter Leute uns, so wir nicht fallen auf«, erwiderte Manuel und stand auf.

Rolf nahm die Tasche, in der Adi hockte, und folgte Manuel. Die Jungen stiegen ohne Hast die Böschung zur Straße hinunter und reihten sich in die drängelnde Menge ein. Trotz ihrer dreckigen und zerrissenen Kleidung beachtete sie niemand. Alle strebten Richtung Stadt, niemand kam ihnen entgegen, sodass die Reisenden beide Straßenseiten nutzen konnten. Rolf hielt die Augen offen. Einmal dachte er tatsächlich, er hätte seinen Vater in einem der wenigen Autos gesehen. Aber es war doch nur ein anderer dicker Mann in einem blauen Anzug gewesen, der hinter dem Steuer saß. Als sie sich den ersten Häusern näherten, tauchten Polizisten auf. Es waren französische Beamte, keine Deutschen, wie Manuel erleichtert feststellte. Die Polizisten griffen sich immer wieder Menschen heraus, die in die Stadt hineinströmten, um ihre Papiere zu kontrollieren. Für die Jungen interessierten sie sich nicht.

Weil Manuel nicht wusste, wo das Rathaus lag, fragte sich Rolf bei den Passanten durch, bis sie ihr Ziel erreicht hatten. In der Stadt hatte Rolf ganz selbstverständlich die Führung übernommen. Manuel hielt sich dicht hinter ihm, weil ihm die vielen Menschen, Häuser und Autos unheimlich waren, auch wenn er das niemals zugegeben hätte.

Die Jungen hockten auf den Stufen der Rathaustreppe und warteten. Manuel hoffte, seinen Eltern zu begegnen, und Rolf, dass sein Vater hier auftauchen würde, so wie Manuel es gesagt hatte. Adi lag zu ihren Füßen auf dem Boden und döste. Auch die Jungen waren müde, weil sie beide die letzte Nacht nicht gut geschlafen hatten. So nah vor ihrem Ziel waren ihnen viel zu viele Gedanken durch den Kopf geschwirrt. Hoffnungen und Befürchtungen hatten sich abgewechselt. Um auf der Treppe nicht einzunicken und sich die Wartezeit zu vertreiben, hatte Rolf dem Hirtenjungen die Regeln von »Gut oder böse« erklärt.

»Das ist ein Guter.« Rolf zeigte auf einen alten Mann, der tief gebeugt vorbeilief und im Gehen ein Buch las.

»Woher willst du wissen?«, fragte Manuel.

»Er hat ein Buch dabei«, erwiderte Rolf.

»Gibt böse Bücher auch. Buch beweist gar nichts.« Manuel deutete auf einen Polizisten, der ein Notizbuch in der Hand hielt und eine alte Frau zusammenstauchte, die mit ihrem Handkarren den Weg versperrte. »Böse.«

»Stimmt, aber das war auch kapital leicht.«

»1:0 für mich. Ich mag Spiel, obwohl dumm.«

»Warum?«

»Weil nicht alles gut oder böse nur«, erklärte Manuel. »Manchmal Mensch gut und dann selbe Mensch auch böse. Und umgekehrt. Nicht immer einfach zu sagen, wer böse. Schwierig zu sagen.«

»Ich habe das oft mit meinem Vater gespielt. Es erinnert mich an ihn, deswegen mag ich es«, erwiderte Rolf. »Ist der Treffpunkt wirklich hier?«

Manuel antwortete nicht und stand auf.

»Wo willst du hin?«, fragte Rolf

»Meine Eltern suchen«, antwortete Manuel.

»Aber wenn das hier doch der Treffpunkt ist. Dann müssen wir bleiben. Sonst verpassen wir meinen Vater noch.«

Manuel antwortete nicht, sondern starrte auf die Treppenstufen vor ihm.

»Stimmt was nicht?«, erkundigte sich Rolf.

Manuel schwieg weiter.

»Sag schon, was ist los?«

»Dein Vater nicht kommt.« Während er sprach, beugte sich Manuel zu Adi hinunter und streichelte dem Terrier das Fell, um Rolf nicht ins Gesicht sehen zu müssen.

»Wiederhol das noch mal!«

»Dein Vater nicht kommt«

»Was soll das denn heißen?«

»Dass er kommt nicht. Was so schwer zu verstehen?!« Manuel blickte Rolf jetzt genau in die Augen.

»Aber du hast doch ...«

»Gelogen. Ich gelogen«, gestand Manuel.

»Wie? Was? Aber wieso?«

»Du auf mich eingeredet, dass wir sollen umdrehen.

Oben auf Berg. Deswegen ich dir Geschichte erzählt. Damit wir kommen schneller voran und ich kann treffen meine Eltern. Ich alles erfunden. Gibt kein Treffpunkt in Lourdes. Hat nie gegeben, wird nie geben. Ich ausgedacht wie Kästner Geschichte in Buch.«

»Das ist nicht wahr!«, schrie Rolf so laut, dass sich sogar der Polizist, der die alte Frau kontrolliert hatte, nach ihm umdrehte.

»Doch wahr. Deutsche Soldaten deinen Vater verhaftet. Keine Geschichte. Die niemanden lassen frei, den verhaftet sie an Grenze. Er längst zurück in Deutschland.«

»Aber die Soldaten im Wald. Die haben doch auch von einem Flüchtling gesprochen.

»Davon Hunderte gibt. Sieh ein endlich, dein Vater nicht kommt.«

Rolf starrte Manuel schweigend an. Dann sprang er auf, schnappte sich Adi und rannte los.

»Bleib«, rief Manuel ihm nach.

Aber Rolf blieb nicht stehen, er lief einfach weiter. Egal wohin, Hauptsache weg von Manuel, der ihn so kapital belogen hatte.

Rolf rempelte Menschen an, entschuldigte sich, rannte weiter. Er sah die Stadt nur wie durch einen Nebel, weil ihm Tränen in den Augen standen. Einmal wäre er fast von einem Fuhrwerk überfahren worden. In letzter Sekunde konnte der Kutscher die Pferde zum Stehen bringen. Rolf bemerkte es nicht einmal und hörte auch die Flüche nicht, die der Mann ihm hinterherbrüllte.

Den ganzen Nachmittag irrte Rolf durch die Stadt, die

voller Pilger, Soldaten, Bauern und Flüchtlingen war. Einmal sah er, wie zwei Polizisten die Pässe einer Familie kontrollierten. Mit den Ausweisen der Eltern schien irgendetwas nicht in Ordnung zu sein. Die Beamten redeten auf den Mann und die Frau ein. Trotzdem es warm war, trugen die beiden weite Mäntel. Das war typisch für Flüchtlinge, das kannte Rolf, weil viele ihrer Bekannten in Marseille es genauso gemacht hatten. Unter den Mänteln konnte man viele Kleidungsstücke übereinander tragen, sodass man nur einen kleinen Koffer brauchte. Das Paar sah aus, als käme es aus den Niederlanden, vielleicht aber auch aus Deutschland, dachte Rolf, der die Szene gebannt beobachtete, unfähig, sich abzuwenden und weiterzulaufen. Neben der Frau stand ein kleines, etwa fünfjähriges Mädchen. Es weinte lautlos, als die Polizisten ihre Eltern unsanft in einen Wagen schoben. Eine ältere Frau legte dem Kind ihre Hand auf die Schulter und führte es weg. Rolf wusste nicht, ob die Frau zur Familie gehörte oder hier nur zufällig vorbeigekommen war und sich aus Mitleid des Mädchens annahm, damit es nicht auch noch verhaftet und zurück nach Deutschland oder Holland geschickt wurde. So wie sein eigener Vater, schoss es Rolf durch den Kopf. Sein Blick und der des Mädchens trafen sich für eine Sekunde. Dann war sie mit der Frau im Gedränge verschwunden, und auch der Wagen der Polizisten bahnte sich hupend einen Weg durch die Menschen, die auf der Straße unterwegs waren. Die Mutter des Mädchens presste ihr Gesicht gegen die Heckscheibe und suchte nach ihrer Tochter. Rolf konnte sie schreien hören, bis das Polizeiauto um eine Kurve bog.

Rolf drückte Adi fest an sich. Der Terrier war der Einzige, der ihm geblieben war. Seine Mutter war auf der anderen Seite des Atlantiks, wo sein Vater war, wusste er nicht, und jetzt hatte er auch noch den einzigen Freund verloren, den er jemals gehabt hatte. Außerdem schmerzte die Wunde an seinem Kopf.

»Du da? Was glotzt du so blöd?!«, herrschte ihn ein anderer Polizist auf Französisch an.

Rolf drehte sich um und rannte davon.

Der Buchladen

Rolf rannte um eine Straßenecke und stieß mit einer Frau zusammen. Im Fallen presste er instinktiv Adi mit beiden Armen an seinen Körper, um den Terrier vor dem Aufprall zu schützen. Ohne sich mit den Händen abfangen zu können, landete er mit dem Hinterkopf auf der Straße. Vor Schmerz wurde ihm schwarz vor Augen. Er lag auf dem Boden und hielt Adi fest umklammert, als plötzlich eine Hand nach seinem Kragen griff und ihn zurück auf den Bürgersteig zog. Auf dem Boden kauernd sah er die Reifen des Militärlasters an ihm vorbeirasen, genau dort, wo er gerade noch gelegen hatte. Als Rolf sich aufrichtete, erkannte er, mit wem er zusammengestoßen war und wer ihn in letzter Sekunde von der Straße gezogen hatte. Es war Esther. Die Partisanin hatte ihre Uniformjacke gegen ein buntes Kleid getauscht und sah genauso überrascht aus wie Rolf.

»Du?«, fragte Esther.

»Was machen Sie denn hier?«, fragte Rolf zurück.

»Ich bin auf dem Rückweg. Wir haben die Piloten den spanischen Genossen übergeben. Was ist mit deinem Kopf?« Esther hatte sich neben ihn auf den Bürgersteig gekniet. Sie streckte den Arm aus und fuhr sanft über die verschorfte Wunde an Rolfs Stirn, während die Passanten achtlos an ihnen vorbeiliefen.

»Das ist nichts, gar nichts«, wehrte Rolf verlegen ab. »Nur ein Kratzer.«

»Sieht aus wie ein Streifschuss«, sagte Esther. »Ist aber gut behandelt worden. War das Manuel? Wo ist er?«

»Ich weiß nicht«, erwiderte Rolf trotzig.

»Ist ihm was passiert?«, erkundigte sich Esther besorgt.

»Nein, er ist auch hier in Lourdes. Zumindest war er das bis eben noch.«

»Das ist gut, ich habe Nachrichten von seinen Eltern.«

»Gute?«

»Ich muss ihn unbedingt sehen. Bring ihn zu dem Buchladen in der Rue Voltaire. Ich warte dort auf euch. Sag dem Buchhändler, dass du nach dem Buch *Utopia* suchst. Dann führt er euch zu mir. Hast du verstanden?«

Rolf nickte nur.

»Dann beeil dich! Es ist nicht viel Zeit«, drängte Esther.

»Wofür ist nicht viel Zeit?«, wollte Rolf wissen.

»Das kann ich Manuel nur persönlich sagen. Also lauf los und such ihn.«

Esther strich Rolf über die Haare. Dann stand sie auf und ging.

Rolfs Wut auf Manuel war verschwunden. Sein eigener Vater war verhaftet worden, den würde er vielleicht nie wiedersehen. Aber Manuels Eltern lebten noch, zumindest ließen Esthers Andeutungen das erahnen. Doch irgendetwas stimmte nicht, auch das hatte Rolf aus dem kurzen Gespräch herausgehört. Rolf rannte mit Adi auf dem Arm los. Er biss die Zähne zusammen, weil die Wunde an seiner Stirn pochte und auch sein Hinterkopf von dem Sturz schmerzte. Aber das war jetzt nicht wichtig. Wichtig war nur, dass er Manuel fand. So schnell wie möglich.

Zuerst suchte Rolf an den Rathaustreppen. Aber dort war Manuel nicht mehr. Rolf blieb mit Adi noch ein paar Minuten auf den obersten Treppenstufen stehen und blickte über den Platz. Er hoffte, dass sich Manuel immer noch irgendwo in der Nähe des Rathauses aufhielt. Doch Rolf konnte ihn nirgendwo entdecken und stieg die Stufen wieder hinunter. Genau an der Stelle, an der er mit Manuel Gut oder böse gespielt hatte, setzte Rolf den Terrier auf dem Boden ab und beugte sich zu Adi hinunter.

»Such Manuel! Bitte, Adi! Das ist kapital wichtig!«

Adi legte sich auf den Boden und streckte seine vier Beine von sich.

»Nein, nicht toter Hund!« Obwohl es ihm schwerfiel, bemühte sich Rolf, ganz ruhig zu bleiben. »Du sollst Manuel suchen! Such!«

Adi stand auf, blickte Rolf mit schief gelegtem Kopf an und kläffte zwei Mal. Dann schnüffelte er mit der Nase am Boden und humpelte den Bürgersteig entlang.

»Sehr gut, Adi!«, feuerte Rolf den Terrier an, der aber schon nach ein paar Metern winselnd auf dem Bürgersteig sitzen blieb. Die Wunde, die der Bär ihm zugefügt hatte, war noch zu frisch und bereitete ihm sichtlich Schmerzen.

»Warte, Adi, ich trag dich. Aber du musst mir helfen, Manuel zu finden.« Rolf hob Adi hoch und rannte weiter in die Richtung, in die der Terrier gelaufen war.

An den Kreuzungen blieb Rolf kurz stehen und kniete sich auf den Boden, damit Adi die Witterung wieder aufnehmen konnte. Mit seinem Bellen wies er Rolf den Weg. Immer, wenn der Junge versehentlich die falsche Abzweigung nahm, kläffte Adi laut, um Rolf auf seinen Fehler aufmerksam zu machen. Adi führte sein Herrchen durch Straßen und Gassen quer durch die ganze Stadt bis zu der Grotte, in der ein Mädchen namens Bernadette die Heilige Mutter Gottes gesehen haben wollte. Auch Rolf hatte schon davon gehört, weil die Pilger sogar aus Berlin mit dem Zug nach Lourdes reisten. Sie hofften, dort durch ein Wunder von ihren Krankheiten geheilt zu werden. Das war noch vor dem Krieg gewesen, und eine Tante von Rolfs Mutter, die unter schrecklichem Rheuma litt, hatte die Reise auch unternommen. Rolfs Vater hatte sich darüber lustig gemacht: »Wer weiß, was diese Hirtenkinder getrunken haben? Nach zwei Flaschen Wein sehe ich auch Dinge, die es gar nicht gibt.«

Rolfs Mutter hatte darüber nicht lachen können. Sie war katholisch erzogen worden, und auch wenn sie schon ewig nicht mehr in die Messe ging und längst nicht mehr an Gott glaubte, hatte sie immer geschwiegen, wenn Ludwig Witze über die Kirche gemacht hatte. Rolf hatte lange nicht mehr an seine Mutter gedacht, und dass er es nun ausgerechnet in dieser Grotte tat, kam ihm ein bisschen unheimlich vor.

»Bist du sicher, dass wir hier richtig sind, Adi?« Rolf

erinnerte sich an das Gespräch, das er mit Manuel unter dem Sternenhimmel geführt hatte. Genau wie Rolf hatte auch der Hirtenjunge nicht an einen Himmel geglaubt, in dem ein gütiger Gott über die Welt wacht. Rolf konnte sich nicht vorstellen, was Manuel zwischen den vielen Pilgern verloren haben könnte. Seine Eltern würde er hier sicher nicht finden. Die waren beide überzeugte Kommunisten, die an vieles, aber bestimmt nicht an Wunder glaubten.

Vor der Grotte hatten sich viele Menschen versammelt. Sie knieten auf der Erde und beteten gemeinsam für sich oder kranke Angehörige. Vielleicht aber auch für den Frieden und den Sieg über Deutschland. Es war Krieg, und da gab es mehr als genug Anlässe für das eigene Wohl und das der ganzen Welt zu beten, überlegte Rolf, obwohl er nicht glaubte, dass ein Gebet irgendetwas am Frontverlauf ändern würde. Die Menschen, die sich hier versammelt hatten, schienen anderer Meinung zu sein, so inbrünstig und versunken sprachen sie ihre Fürbitten. Es waren mehr Frauen als Männer. Einige saßen in Rollstühlen aus Holz, andere lagen auf Tragen, die ordentlich aufgereiht nebeneinander auf dem Platz standen, sodass es dort aussah wie in einem riesigen Hospital.

Adi fing in Rolfs Armen plötzlich wild an zu strampeln.

»Was ist denn los?«, fragte Rolf.

Der Terrier bellte aufgeregt und versuchte, sich aus Rolfs Griff zu befreien. Rolf setzte ihn vorsichtig auf dem Boden ab. Humpelnd lief Adi in die Grotte hinein.

»Warte, Adi! Bleib hier!«, rief Rolf ihm nach, aber da war der Terrier bereits im Halbdunkel der Höhle verschwunden.

Das Erste, was Rolf auffiel, war der Geruch nach abgestandenem Wasser. Erst als sich seine Augen an das Kerzenlicht gewöhnt hatten, bemerkte er die gefüllten Badewannen. Sie waren nur durch dünne weiße Vorhänge voneinander getrennt. Das Wasser stammte aus einer Quelle, die das Mädchen Bernadette nach ihrer angeblichen Marienerscheinung in der Grotte entdeckt hatte. Das hatte Rolfs Tante ihm erzählt, nachdem sie von ihrer Pilgerreise zurückgekehrt war. Sie und die anderen Pilger hofften, dass ein Bad in dem Quellwasser sie von ihren Krankheiten heilen würde. An den Wänden der Höhle hingen abgelegte Krücken und Täfelchen mit Danksagungen der Geheilten. Aber das bewies überhaupt nichts, dachte Rolf, der sich die Nase zuhalten musste. In der Grotte stank es fast so schlimm wie auf dem Zugklo, weil das Wasser in den Wannen nur selten gewechselt wurde. Die Leute stiegen nacheinander hinein, auch die mit den offenen Wunden und Geschwüren. Rolf war überzeugt, dass die meisten die Grotte nach einem Bad in dem dreckigen Wasser kränker wieder verließen, als sie gekommen waren.

»Adi! Wo steckst du?«

Ein Bellen antwortete Rolf. Als er darauf zuging, sah er eine Gruppe Pilger, die unter einer Madonnenstatue in einer abgelegenen Ecke der Höhle beteten und sich davon auch nicht durch Adis Kläffen ablenken ließen. Rund um die Marienfigur standen Hunderte von Kerzen, die die Madonna in ein weiches Licht tauchten.

»Manuel?!«, rief Rolf überrascht. Der Hirtenjunge kniete am Rande der Gruppe. Er hielt die Hände vor der Brust gefaltet und den Kopf geneigt.

Als Manuel seinen Namen hörte, drehte er sich erschrocken um.

»Glaub bloß nicht, dass ich gebetet hier.« Manuel war aufgesprungen und blickte Rolf ertappt an.

»Das ist mir doch völlig egal, ob du hier betest oder in der Nase bohrst«, erwiderte Rolf, und das stimmte. Er war einfach nur froh, dass er Manuel endlich gefunden hatte.

»Ich zufällig hier. Wollte Schuhe zubinden. Deswegen ich gekniet auf Boden. Nicht wegen Maria.« Manuel zeigte auf die Madonnenstatue, die in der Nische über ihnen thronte.

Rolf schaute auf Manuels Espadrilles, die gar keine Schnürsenkel hatten, und musste grinsen. Aber nur kurz, dann fiel ihm wieder ein, warum er Manuel so dringend gesucht hatte.

»Ich wirklich gebetet nicht, ich schwör«, verteidigte sich Manuel erneut.

»Jetzt hör doch mal auf damit!«, unterbrach ihn Rolf. »Ich habe Esther getroffen. Sie hat Nachricht von deinen Eltern!«

»Meinen Eltern?«

»Sag ich doch. Ich soll dich zu ihr bringen. Sofort.«

Manuel strahlte ihn an, und Rolf gab sich Mühe zurückzustrahlen, weil er es nicht über sich brachte, Manuel von seinen Befürchtungen zu erzählen.

»Komm endlich!« Rolf nahm Adi hoch, der trotz seiner Verletzung fröhlich um Manuel herumgesprungen war.

»Gib mir Adi, dann wir schneller«, sagte Manuel.

Rolf reichte Manuel den Terrier. Er war froh, ihn nicht weiter tragen zu müssen, weil er wieder den pochenden

Schmerz an seiner Stirn spürte. Vielleicht aber war das auch nur sein schlechtes Gewissen, weil er Manuel nicht die ganze Wahrheit gesagt hatte.

Rolf und Manuel mussten ein paar Mal nach dem Weg fragen, um die Buchhandlung in der Rue Voltaire zu finden. Dann standen sie vor dem großen Schaufenster des Ladens. Hinter der Scheibe waren ein paar Bücher ausgestellt, die schon lange niemand mehr angefasst hatte. Das konnte Rolf sehen, weil die Bände von einer dicken, unberührten Staubschicht überzogen waren. Durch das Glas schauten die Jungen in den Laden hinein. An den Wänden und mitten im Raum standen überall Regale, in denen sich alte Bücher stapelten, auf denen Katzen dösten. Nach der zwölften hörte Rolf auf zu zählen. Es gab auch eine Verkaufstheke, hinter der ein Mann saß und in einem dicken Buch las. Er schaute kurz auf, betrachtete Rolf und Manuel, dann widmete er sich wieder seiner Lektüre, ohne die Jungen vor seinem Laden weiter zu beachten. Rolf schätzte den Mann auf Anfang sechzig. Eher sogar auf siebzig, obwohl das täuschen konnte. Die meisten Menschen wirkten älter, als sie wirklich waren, weil die Flucht und der Krieg tiefe Falten in ihre Gesichter gegraben hatten.

»Hier?«, fragte Manuel skeptisch.

»Glaub schon«, erwiderte Rolf. »Das ist der einzige Buchladen in der Straße. Esther hat mir eine Parole gesagt, damit uns der Besitzer zu ihr führt.«

»Und?« Manuel sah ihn erwartungsvoll an, doch Rolf zuckte nur mit den Schultern und verzog sein Gesicht zu einer entschuldigenden Grimasse.

»Ich habe sie vergessen.«

»Was?«, rief Manuel.

»Ich bin durch die ganze Stadt gerannt, um dich zu finden. Da war nicht mehr genug Sauerstoff für mein Gehirn übrig, um mir das zu merken. Ich weiß nur noch, dass es um ein Buch ging.«

»*Bibel?*«

»Spinnst du?! Irgendwas mit O am Anfang … glaub ich.«

»*Don Quichote?*«

Rolf schüttelte nur den Kopf.

»*35. Mai*«

»Nein, an den würde ich mich doch auf jeden Fall erinnern.«

»Denk! Streng an dich«, feuerte Manuel ihn an.

»Jetzt weiß ich es wieder!«, rief Rolf erleichtert aus. »Das Buch hieß *Utopia*.«

»Du sicher? Das nicht fängt an mit O.«

»Don Quichote aber auch nicht«, erwiderte Rolf beleidigt. »Ich bin mir ganz sicher, dass es *Utopia* war. Jetzt wo ich nicht mehr rennen muss, ist ja auch wieder genug Sauerstoff für meinen Kopf da. Komm!«

Rolf hatte schon die Hand am Türgriff der Ladentür, da spürte er, dass Manuel hinter ihm zögerte. Rolf drehte sich zu ihm um.

»Was ist? Willst du deine Eltern etwa nicht wiedersehen?«

»Was, wenn Nachricht schlecht?« Manuel drückte Adi fest an sich, so wie Rolf es auch immer tat, wenn er Trost suchte.

»Und wenn sie gut ist?«, fragte Rolf zurück. »Du wirst es nie erfahren, wenn wir da jetzt nicht reingehen.«

Rolf packte Manuel an den Schultern und schob ihn mit Adi vor sich in den Laden.

Der Buchhändler legte sein Buch zur Seite und betrachtete misstrauisch die jungen Kunden, die sein Geschäft betreten hatten. Adi knurrte die Katzen an, die auf den Regalen lagen. Manche von ihnen ignorierten den Terrier, andere erhoben sich von ihren Schlafplätzen, machten einen Buckel und fauchten wütend zurück. Manuel hatte Mühe, Adi festzuhalten. Trotz seiner Wunde hätte sich der Terrier am liebsten auf sie gestürzt, obwohl die Katzen auf den Regalen für ihn unerreichbar waren.

»Schafft gefälligst den Hund hier raus! Der bringt ja meine Tiere ganz durcheinander«, brüllte der Buchhändler. »Raus mit euch, aber ein bisschen dalli!«

Rolf erblickte sich in einem Spiegel, der hinter der Theke hing, und erschrak. Nach der Wanderung durch die Pyrenäen sah er aus, als hätte er sein ganzes Leben in den Bergen verbracht. Seine Haare klebten an seinem Kopf, seine Kleider waren dreckig, und die verkrustete Wunde an seiner Stirn dürfte auf den Buchhändler auch nicht sonderlich vertrauenserweckend wirken, vermutete Rolf. Manuel, den er neben sich im Spiegel betrachten konnte, sah nicht viel besser aus. Auch sein schwarzes Haar war zerzaust und seine Kleider zerrissen.

»Adi, lass das!«, zischte Rolf, weil der Terrier immer noch drohend die fauchenden Katzen anknurrte.

»Adi! Ihr besitzt die Unverfrorenheit, euren Hund Adi

zu nennen?! Adi wie Adolf?! Raus aus meinem Laden, ihr unverschämten Bengel. Aber sofort!«

Der Buchhändler war hinter seiner Theke hervorgestürmt, um die Jungen zu packen und auf die Straße zu werfen.

»Wir suchen ein Buch. Das heißt ... verdammt jetzt habe ich den Titel schon wieder vergessen«, rief Rolf, kurz bevor der Alte ihn erreicht hatte.

»*Utopia*! Buch, wir suchen *Utopia* heißt«, sagte Manuel.

Der Alte stoppte, zog seine Stirn in Falten und sah den Jungen in die Augen, erst Manuel und dann Rolf. Der Blick des Buchhändlers war so stechend, dass Rolf das Gefühl hatte, der Alte schaute ihnen beiden direkt in den Kopf, um dort zu prüfen, ob er ihnen trauen konnte oder nicht. Die Jungen fingen an zu schwitzen und trauten sich kein Wort zu sagen. Sogar Adi hörte auf zu knurren. Für ein paar Sekunden, die Rolf und Manuel wie eine Stunde vorkamen, war nur das Fauchen der Katzen zu hören. Dann glätteten sich die Falten auf der Stirn des Buchhändlers, und auch sein Blick wurde milder, als er das Schweigen brach und Rolf und Manuel dabei sogar so etwas Ähnliches wie ein Lächeln schenkte: »Warum sagt ihr das nicht gleich?! Folgt mir!«

Der Diamantschleifer

Der Buchhändler drehte sich um und ging auf eines der Regale zu. Mit seiner rechten Hand griff er nach einem Hebel, der hinter einem dicken braunen Lexikonband verborgen war. Gleichzeitig drückte er mit seiner Linken gegen das Regal und schob es zur Seite. Manuel stieß Rolf mit dem Ellenbogen an. Hinter dem Bücherregal kam eine geheime Tür zum Vorschein. Der Mann öffnete sie und machte zwei Schritte in den Raum, der dahinter lag. Das Zimmer besaß keine Fenster und wurde nur von einer matten Glühbirne beleuchtet, die an einem Kabel von der Decke hing. In dem Raum gab es eine Pritsche, auf der eine ordentlich gefaltete Wolldecke lag, und einen Tisch mit zwei Stühlen. Auf einem davon saß Esther und reinigte eine Pistole, deren Einzelteile sie vor sich auf der Tischplatte ausgebreitet hatte. Sie schaute auf und lächelte, als die Jungen hinter dem Alten das Zimmer betraten.

»Da seid ihr ja! Ich freu mich, dass ihr es beide bis hierher geschafft habt!« Esther stand auf und ging auf Rolf und Manuel zu, um ihnen die Hände zu schütteln. »Wie geht es euch? Früher, in besseren Zeiten, hätte ich jetzt sicher gefragt, ob ihr eine angenehme Reise gehabt habt. Aber man braucht euch ja nur anzusehen, dann weiß man, dass sie wohl nicht so besonders angenehm war. Aber das war wohl auch nicht anders zu …«

»Sie Nachrichten von meinen Eltern?«, unterbrach Manuel die Partisanin.

Rolf hatte den Verdacht, dass sie nur deswegen so viel sprach, weil sie schlechte Neuigkeiten für Manuel hatte.

»Ja, habe ich.« Esther nahm den Schlagbolzen ihrer Waffe und wischte ihn mit dem Tuch ab, obwohl er schon so sauber war, dass er im Licht der Glühbirne glänzte.

»Sagen Sie!«, forderte Manuel sie auf.

»Machen Sie es doch nicht so spannend!«, drängte auch Rolf.

»Es ist so … sie sind …« Esther stockte und legte den Bolzen wieder zur Seite.

»Tot?«, fragte Manuel.

»Nein, nein, sie sind nicht tot. Aber sie wurden verhaftet. Vorgestern. Sie sitzen in einem kleinen Polizeigefängnis direkt hinter der Grenze auf der spanischen Seite«, erklärte Esther. »Es soll ihnen aber gut gehen.«

Manuel ließ sich auf den freien Stuhl sinken. Er hatte immer noch Adi auf dem Arm und vergrub sein Gesicht im Fell des Hundes. In seinem Kopf ging alles durcheinander. Man hatte seine Eltern festgenommen und eingesperrt. Aber sie lebten und das war das Wichtigste.

»Und mein Vater? Wissen Sie auch etwas über meinen Vater?« Rolf war neben Manuel getreten und legte dem

Hirtenjungen seine Hand auf die Schulter, während er gleichzeitig Esther bittend, fast bettelnd anschaute.

»Nein, und das ist kein gutes Zeichen. Aber ich habe mich umgehört. Er steht auf einer Liste von Leuten, die von den Nazis in Frankreich gesucht werden«, erklärte Esther.

»Aber doch nicht unter den ersten zehn! Irgendwo weiter hinten!«, erwiderte Rolf.

»Das macht leider keinen Unterschied. Ihm können wir nicht helfen. Wahrscheinlich haben sie ihn längst zurück nach Deutschland gebracht.« Esther fuhr Rolf mit der Hand über die Haare.

»Aber Manuels Eltern können wir helfen. Die Polizisten wissen nicht, wen sie da festhalten und wie wichtig sie für unsere Arbeit auf der spanischen Seite sind. Sonst hätte man sie längst an die Wand gestellt und erschossen.« Esther hatte sich wieder Manuel zugewandt. »Morgen Abend werden sie in die Bezirkshauptstadt überführt, bis dahin haben wir eine Chance.«

»Was denn für eine Chance?«, wollte Rolf wissen.

»Wir können die Polizisten bestechen, damit sie Manuels Eltern laufen lassen«, antwortete Esther.

Manuel griff in seine Tasche und holte das letzte Päckchen Zigaretten hervor.

»Ich das hier habe.«

»Das wird wohl nicht reichen und ich kann dir leider auch nicht helfen. Ich habe unser letztes Geld den Piloten gegeben, damit sie sich damit nach England durchschlagen können. Es dauert zwei Tage, bis ein Kurier der Résistance unserer Gruppe neues Geld bringt. Aber so viel Zeit haben wir nicht mehr«, erklärte Esther. »Spätestens wenn die Polizei deine Eltern in die nächste größere Stadt bringt, wird sie merken, wer ihnen da ins Netz gegangen ist.«

Rolf zog den *35. Mai* aus seiner Tasche und hielt das Buch dem Buchhändler hin.

»Das hat der Autor selbst unterschrieben«, sagte Rolf. »Ist das nicht was wert? Würden Sie es mir abkaufen?«

»Kästner?«, fragte der Buchhändler überrascht, als er den abgegriffenen Band in die Hände nahm. Der Umschlag hatte auf ihrer Wanderung gelitten. Die Ecken waren abgestoßen und auch das Bild von dem schwarzen Pferd mit den Rollschuhen sah abgewetzt und verblichen aus. Der Alte schlug die erste Seite auf und las laut die Widmung, die Erich Kästner für Rolf hineingeschrieben hatte.

»Schau immer voran
und denke daran:
Was hinter dir liegt,
nur halb so viel wiegt.
Dein Erich Kästner«

Lächelnd reichte der Buchhändler Rolf den *35. Mai* zurück.

»Und ob das was wert ist«, sagte der Alte. »Aber ich würde es dir trotzdem niemals abkaufen, das ist deins. Außerdem sind schlechte Zeiten für Bücher. Dafür gibt niemand Geld aus und deswegen habe ich leider auch keins. Wenn ich welches hätte, würde ich es euch geben.«

Rolf blickte zu Manuel hinüber. Der Hirtenjunge presste

Adi fest an seinen Körper. Ihm standen Tränen in den Augen, und er kämpfte dagegen an, dass sie ihm nicht die Wangen hinunterliefen. Er war seinen Eltern jetzt so nah und doch hätten sie genauso gut tot sein können. Es machte keinen Unterschied. Wenn es ihm nicht gelang, seine Mutter und seinen Vater bis morgen Abend aus dem Gefängnis zu holen, würde er sie nie wiedersehen, dachte Manuel. Dann wäre es besser gewesen, er hätte nie erfahren, dass sie noch lebten.

Rolf kannte Manuel inzwischen gut genug, um zu wissen, was im Kopf des Hirtenjungen vor sich ging. Er konnte ihn verstehen und wollte ihm helfen. Obwohl Manuel ihn belogen hatte. Aber mittlerweile konnte er auch das verstehen, und wahrscheinlich hätte er es selbst genauso gemacht, um seine Eltern so schnell wie möglich wiederzusehen.

Rolf steckte das Buch zurück in seinen Beutel und nahm die Zahnpastatube heraus. Manuel, Esther und der Alte sahen ihn überrascht an, als er zum Tisch ging und den Falz öffnete. Er drückte den Diamanten mit den letzten Resten der Zahnpasta aus der Tube und wischte den Stein an seinem Ärmel sauber. Dann hielt er ihn in das Licht der Glühbirne. Der Diamant strahlte wie eine Fackel im Dunkeln.

»Aber das müsste doch reichen, oder?«, fragte Rolf, ohne seinen Blick von dem Stein abzuwenden.

»Deswegen wir zurück zu Quelle.« Manuel griff nach der leeren Zahnpastatube und hielt sie zwischen den Fingern.

»Ich hatte meinem Vater geschworen, niemandem etwas

von dem Diamanten zu verraten. Aber das ist jetzt egal«, sagte Rolf.

»Wo hast du den her?«, fragte Esther.

»Er gehört meinem Vater. Das sollte unser Startkapital für Amerika sein«, erklärte Rolf. »Aber Manuels Eltern aus dem Gefängnis zu holen, ist jetzt wichtiger.«

»Das ich nicht kann annehmen! Unmöglich!« Manuel legte die Tube zurück auf den Tisch, als hätte er sich daran verbrannt.

»Du musst, sonst verschwinden deine Eltern auch. Genau wie mein Vater«, beharrte Rolf.

»Trotzdem. Diamant deiner«, erwiderte Manuel stolz.

Esther und der alte Buchhändler beobachteten die Jungen, mischten sich aber nicht ein, sondern verfolgten das Gespräch der beiden schweigend.

»Jetzt hör auf, so einen kapitalen Blödsinn zu reden. Wenn ich sage, der gehört dir, dann mein ich das auch so.« Rolf legte den Diamanten vor Manuel auf den Tisch, und Adi stupste den Hirten mit der Schnauze von unten gegen sein Kinn, als wollte er ihn auffordern, Rolfs Angebot anzunehmen.

»Jetzt sei doch nicht so stur!«, schimpfte Rolf. »Wenn du ihn nicht nimmst, schmeiß ich den verdammten Stein aus dem Fenster.«

»Man könnte ihn teilen«, schlug plötzlich der Buchhändler vor.

Manuel und Rolf drehten sich zu dem Alten um und sahen ihn verständnislos an.

»Der ganze Diamant wäre sowieso viel zu viel für die Wärter«, erklärte der Buchhändler. »Das sind arme

Schweine, die das Gefängnis bewachen. Die sind mit der Hälfte mehr als zufrieden und dir bliebe die andere Hälfte für Amerika.«

Die Jungen wandten ihre Blicke von dem Alten ab und sahen sich an.

»Gute Idee, wir machen halbe-halbe«, sagte Rolf.

»Halbe-halbe?«, fragte Manuel. »Was bedeutet halbe-halbe?«

»Wir teilen, das wirst du wohl annehmen können, oder?«, sagte Rolf. »Du willst deine Eltern doch wiedersehn, genau wie ich.«

»Ich kenne einen Diamantenschleifer hier in Lourdes, der ist aus Rotterdam geflohen und hat sein Werkzeug retten können. Wenn Rolf also wirklich will?« Esther war hinter die Jungen getreten.

»Klar will ich, sonst hätte ich es ja nicht angeboten«, sagte Rolf. »Und du?«

»Ich nicht weiß«, sagte Manuel leise.

»Sicher willst du.« Rolf steckte den Diamanten in seine Jackentasche. »Das ist ja wohl kapital klar.«

»Dann lasst uns keine Zeit verlieren.« Mit geübten Handgriffen setzte Esther ihre Pistole zusammen. »Die Werkstatt ist gar nicht weit von hier.«

Nachdem sie sich von dem Buchhändler verabschiedet hatten, schoben sich Esther, Rolf und Manuel durch die vollen Straßen. Manuel hielt immer noch Adi auf dem Arm und sagte die ganze Zeit kein Wort. Auch Rolf und Esther war nicht nach Reden zumute. Als die Partisanin eine Polizeipatrouille entdeckte, die auf dem Bürgersteig direkt auf sie zukam, zog sie die Jungen in einen Hauseingang. Rolf musste an seinen Vater denken, der es genauso gemacht hatte. Zuletzt in Marseille auf dem Weg zum Strand. Rolf schüttelte den Kopf, um den Gedanken loszuwerden. Er hatte jetzt keine Zeit, sich an Ludwig zu erinnern. »Was hinter dir liegt, nur halb so viel wiegt« hatte ihm Kästner in sein Buch geschrieben und er hatte recht.

Esther wartete, bis die Streife an ihnen vorbeigelaufen war, bevor sie wieder auf die Straße hinaustrat. Auch wenn die Jungen sich in Lourdes nicht auskannten, merkten sie doch, dass die Partisanin nicht den direkten Weg zu ihrem Ziel wählte, sondern Umwege nahm. Immer wieder bog Esther unvermittelt in neue, winzige Gassen ab, so als wollte sie Verfolger abschütteln. Dann blieb Esther plötzlich vor einer Tür stehen. Das Haus stand in einer Seitenstraße, war weiß getüncht und unterschied sich in nichts von den anderen Häusern in der Straße. Es gab keine Klingel und auch kein Schild, das darauf hinwies, wer hier wohnte oder welchem Beruf er nachging.

Esther klopfte: dreimal kräftig, zweimal sanft, dann noch ein letztes Mal kräftig.

Es dauerte eine Weile, bevor sich die Tür ein kleines Stück weit öffnete. In dem Spalt war das Gesicht eines alten Mannes zu sehen. Sein Gesicht war genauso hager wie das des Buchhändlers und auch seine Haare waren weiß. Die beiden hätten Brüder sein können, dachte Rolf, dem erst jetzt auffiel, dass er in Lourdes fast nur alte Männer gesehen hatte. Die Jüngeren waren alle im Krieg.

Als der Mann Esther erkannte, führte er sie und die Jungen durch den engen Flur in eine Werkstatt. Rolf, der hinter ihm ging, sah die Kippa, die der Alte auf dem Hinterkopf trug. Sie war schwarz und nicht viel größer als eine Untertasse. Rolf kannte die Kopfbedeckung der Juden. Viele Freunde seines Vaters in Berlin waren Juden gewesen und auch sie hatten Deutschland verlassen. Zumindest die Glücklichen, die es wie Esther noch rechtzeitig ins Ausland geschafft hatten, bevor die Nazis ihnen alles wegnahmen und sie in Lager steckten, über die es schreckliche Gerüchte gab, von denen Rolfs Vater ihm nichts erzählen wollte. Rolf schüttelte erneut den Kopf, weil er mit seinen Gedanken wieder bei seinem Vater gelandet war.

Wie in der Kammer hinter der geheimen Tür des Buchladens gab es auch in der Werkstatt des Diamantschleifers kein Fenster. Doch statt nur einer einzigen matten Glühbirne sorgten hier gleich vier für ausreichendes Licht.

Während Esther dem Alten erklärte, warum sie gekommen waren, schauten sich die Jungen in der Werkstatt um. Rolf versuchte, den Sinn der vielen Geräte zu erahnen, aber das gelang ihm nur bei einer Waage, die so fein aussah, als ob man damit Staub wiegen könnte.

»Zeig ihm den Stein«, forderte Esther Rolf auf.

Rolf holte den Diamanten aus seiner Tasche und gab ihn dem Mann. Der Alte nahm eine Lupe und betrachtete den Stein aufmerksam.

»Und?«, fragte Esther.

»Ein sehr schöner Stein. Wirklich sehr, sehr schön«, murmelte der Diamantschleifer.

»Können Sie ihn teilen?«, fragte Rolf.

»Wäre schade drum«, erwiderte der Mann.

»Sie müssen aber. Es ist wichtig«, beharrte Rolf.

»Wenn es wichtig ist, dann muss es wohl sein. Es gibt zwei Möglichkeiten.«

»Welche?«, wollte Manuel wissen.

»Man kann ihn mit einer Spezialsäge teilen oder mit einem Spalteisen«, erklärte der Alte. »Beides hat seine Vorteile und auch seine Nachteile.«

»Und wo ist der Unterschied?«, erkundigte sich Rolf.

»Mit der Säge dauert es einen ganzen Tag, das Spalteisen geht schneller ...«

»Wir haben keinen Tag Zeit«, bemerkte Esther.

»Verstehe«, murmelte der Mann. »Beim Spalten besteht allerdings das Risiko, dass der Diamant in tausend wertlose Splitter zerspringt.«

»Dann es nicht geht.« Manuel bemühte sich, nicht enttäuscht zu klingen.

»Wieso denn nicht?«, fragte Rolf.

»Dann du nichts mehr hast, gar nichts. Ich das nicht kann zulassen. Risiko groß zu.«

»Das ist ja wohl meine Entscheidung! Außerdem ist das mein Stein, damit kann ich tun und lassen, was ich will!«, rief Rolf, dann wandte er sich an den Diamantschleifer und forderte ihn auf: »Fangen Sie an. Bitte.«

»Nein!«, beharrte Manuel.

»Vielleicht sehe ich meinen Vater nie wieder«, sagte Rolf. »Aber du sollst wenigstens deinen wiedersehen. Und deine Mutter auch!«

Für eine ganze Weile sprach in der kleinen Werkstatt niemand ein Wort. Auch Adi schwieg und blickte zwischen den beiden Jungen hin und her.

»Und außerdem heißt es *Risiko zu groß* nicht *Risiko groß zu.*« Rolf bemühte sich um ein Grinsen, was ihm nicht gelang. Mit dem Ellenbogen stieß er Manuel aufmunternd in die Seite. Der Hirtenjunge grinste unbeholfen zurück und murmelte ein leises »Danke«.

»Dann mache ich mich mal ans Werk!« Der Mann setzte sich hinter seinen Arbeitsplatz und prüfte den Diamanten mit der Lupe noch einmal gründlich von allen Seiten. Dann nahm er ein Spalteisen, das an der Wand hing, und einen kleinen Hammer. Atemlos verfolgten Rolf, Manuel, Esther und sogar Adi jeden seiner Handgriffe. Der Mann stöhnte die ganze Zeit und fluchte auf Jiddisch vor sich hin. Die Jungen verstanden nicht, was er sagte. Beruhigend klang es nicht. Rolf griff nach Manuels Hand und drückte sie. Es war ihm selbst nicht klar, ob er sich oder seinen Freund damit beruhigen wollte. Manuel erwiderte den Druck, ohne den Blick von dem Alten abzuwenden, obwohl er kaum erkennen konnte, was genau auf der Arbeitsplatte geschah. Mehrmals rutschte das Spalteisen ab und jedes Abrutschen kommentierte der Alte mit einem weiteren Fluch. Dann ließ er sich plötzlich in seinem Stuhl zurückfallen. Vor ihm auf der Tischplatte lagen zwei sauber getrennte Diamantenhälften.

»Ich besorge dann mal eine Mitfahrgelegenheit zur Grenze«, sagte Esther und nahm die beiden Hälften vom Tisch. Eine davon gab sie Rolf, die andere reichte sie Manuel.

Tauschgeschäft

Esther hatte für ihre Fahrt einen Lastwagen organisiert, der sie auf Schleichwegen über die Grenze nach Spanien bringen sollte. Sie und die Jungen saßen auf Kisten hinten auf der Ladefläche. Der Wagen hatte Lourdes längst hinter sich gelassen und fuhr in hohem Tempo auf ungeteerten Seitenstraßen. Immer wieder gerieten die Räder in eines der vielen Schlaglöcher. Der Laster machte jedes Mal einen Sprung und seine Passagiere mit ihm. Um nicht von ihren Sitzen geschleudert zu werden, hielten sich Manuel und Rolf an den Seilen fest, mit der die grüne Lkw-Plane festgebunden war. Rolf hatte dazu nur eine Hand frei. Mit der anderen hielt er Adi, der auf Rolfs Beinen lag.

Die Plane war nach hinten geschlossen, sodass die drei im Halbdunkel saßen, obwohl es draußen noch hell war. Die Glut der Zigarette, die Esther rauchte, war die einzige Lichtquelle. Die Partisanin hatte Manuel und auch Rolf wortlos eine Zigarette angeboten, aber sogar Manuel hatte abgelehnt. Rolf überlegte, ob er zur Ablenkung in sein

Buch schauen sollte. Er könnte auch Manuel vorlesen, und vielleicht hätte auch Esther Lust, ein wenig den Geschichten aus dem *35. Mai* zuzuhören. Aber dann hätte er keine Hand mehr frei gehabt, um sich festzuhalten. Außerdem war es zu dunkel. Rolf ließ das Buch in seinem Beutel und hob die Plane ein wenig an, um nach draußen blicken zu können. Viel zu sehen gab es dort nicht. Sie fuhren auf einer schmalen Piste, die keinen Gegenverkehr erlaubte, durch einen dichten Wald.

»Nicht«, sagte Esther und schüttelte den Kopf.

Rolf ließ die Plane wieder zurückgleiten. Seit sie hinten auf den Wagen gestiegen waren, war das »Nicht« der Partisanin das erste Wort überhaupt. Abgesehen von ein paar Flüchen der Jungen, wenn sie sich nach einem Schlagloch den Kopf gestoßen hatten. Rolf erinnerte sich an ähnlich unbequeme Touren, die er gemeinsam mit seinem Vater unternommen hatte. Auf ihrer Flucht aus dem Lager vor den vorrückenden deutschen Truppen nach Marseille hatte sie ein Militärlaster ein Stück des Weges mitgenommen. Damals hatten sie nicht – so wie jetzt – nur zu dritt auf der Ladefläche gehockt, sondern gemeinsam mit fünfzig oder sechzig anderen Männern und Frauen. Die meisten hatten stehen müssen, auch Rolfs Vater, der einen der wenigen Sitzplätze seinem Sohn und Adi überlassen hatte, weil Rolf so furchtbar müde gewesen war. Ludwig hatte die ganze Strecke über Witze erzählt, um die Mitfahrer ein bisschen aufzuheitern. Doch nur die wenigsten hatten gelacht. Die meisten hatten während der ganzen Zeit dumpf vor sich hin gestarrt. Rolf hätte alles dafür gegeben, wenn sein Vater ihn auch auf dieser Fahrt begleiten und seine Witze erzählen würde. Manuel hätte bestimmt gelacht und Esther ganz sicher auch. Rolf versuchte, sich an einen der Witze seines Vaters zu erinnern, aber es gelang ihm nicht. Er hatte sie alle vergessen.

Rolf fuhr sich mit der Hand über die Augen, um die Tränen wegzuwischen. Statt hier bei ihm auf dem Laster saß sein Vater vielleicht gerade irgendwo auf einem anderen Lkw, der ihn zusammengepfercht mit anderen Häftlingen in ein Lager nach Deutschland brachte. Und er war schuld daran, da hatte Manuel recht gehabt, damals im Wald, als Adi wieder aufgetaucht war.

Manuel bemerkte, dass Rolf neben ihm still weinte, sagte aber nichts. Er ließ mit einer Hand das Seil los und legte ihm seinen Arm um die Schulter. Rolf ließ es geschehen, während ihm die Tränen über die Wangen rannen.

»Trifft Hitler auf Wahrsager, fragt Hitler: *Wann werde sterben ich?*«, begann Manuel plötzlich zu erzählen, als wenn er gewusst hätte, woran Rolf gedacht hatte. »Sagt Wahrsager: *An Feiertag.* Will Hitler wissen: *An was für Feiertag?* Antwortet Wahrsager: *Egal, wenn sterben du, wird sein auf jeden Fall Feiertag.*«

Obwohl er den Witz schon kannte, musste Rolf grinsen. Auch Esther, die Manuel zugehört hatte, lachte laut.

»Den hat mein Vater auch immer erzählt«, sagte Rolf.

»Ich weiß, abends bei Lotte und Theo er erzählt«, erwiderte Manuel. »Damals als …«

Manuel stockte, und es war nicht ganz klar, ob er nicht weiterreden wollte oder ob es daran lag, dass der Laster plötzlich hielt.

Die Jungen und Esther lauschten nach draußen. Die

Fahrertür des Wagens öffnete sich und ein Mann sprang auf die Straße. Dann hörten sie Schritte und die Plane wurde zur Seite geschlagen.

»Wir sind da«, sagte der Mann auf Spanisch, dann ging er wieder zurück zur Fahrerkabine.

»Schon?«, fragte Manuel.

»Nicht ihr«, antwortete Esther und warf ihre Zigarette auf die Straße. »Ich. Es wird Zeit, Lebewohl zu sagen. Ich kann euch nicht weiter begleiten.«

»Sie steigen aus?« Rolf starrte die Partisanin überrascht an.

»Ich dachte, Sie mit uns kommen«, sagte Manuel.

»Ich habe nicht den Eindruck, dass ihr mich braucht. Ihr habt es allein bis nach Lourdes geschafft. Da draußen warten ein paar neue britische Piloten auf mich. Ausgewachsene Kerle, die brauchen meine Hilfe dringender als ihr.«

»Aber was sollen wir denn jetzt tun?«, wollte Rolf wissen.

»Es ist schon alles vorbereitet«, erklärte Esther. »Der Laster setzt euch in der Nähe des Gefängnisses ab. Die Wärter dort wissen Bescheid und können es gar nicht erwarten, Manuels Eltern im Tausch gegen einen Diamanten laufen zu lassen.«

Esther griff in ihre Tasche, holte ihre Pistole heraus und reichte sie Manuel.

»Nur für den Notfall.«

Die Waffe wog schwer in Manuels Hand, schwerer, als er erwartet hatte.

»Viel Glück euch beiden.« Esther nickte ihnen noch einmal zu, sprang von der Ladefläche und ließ die Plane wieder herunterfallen. Die Jungen hörten, wie sie draußen gegen die Seitenwand des Lasters klopfte, um dem Fahrer zu signalisieren, dass er weiterfahren sollte. Ruckelnd setzte sich der Wagen in Bewegung. Manuel hob die Plane ein Stück hoch, damit sie der Partisanin noch ein letztes Mal winken konnten. Esther drehte sich zu ihnen um und winkte zurück. Dann verschwand sie im Wald, wo ihr in der Ferne das rote Leuchtsignal einer Taschenlampe den Weg wies.

»Kannst du damit umgehen?« Rolf deutete auf die Pistole, die Manuel immer noch in der Hand hielt.

»Kapital leicht«, erwiderte der Hirtenjunge. »Zielen und drücken ab, fertig.«

»Ja, aber nur wenn du sie vorher entsichert hast«, sagte Rolf. »Du musst den Haken da zur Seite schieben, sonst schießt sie nicht.«

»Ich weiß«, erwiderte Manuel und sah sich neugierig den Hebel an.

»Du kannst ruhig zugeben, dass du das nicht gewusst hast.«

»Woher du das gewusst?« Manuel legte die Waffe vorsichtig in seinen Beutel.

»Mein Vater hatte auch eine, für den Fall …« Rolf sprach nicht weiter. Die Pistole hatte Ludwig irgendwo zwischen Paris und Marseille verloren, aber Rolf hatte immer gewusst, dass sein Vater damit nicht auf andere schießen wollte, sondern dass sie für sie beide gedacht war, falls sie den Nazis in die Hände fallen würden.

Etwa eine Stunde später hielt der Laster ein zweites Mal. Wieder hörten die Jungs, wie die Fahrertür geöffnet wurde und sich Schritte näherten. Dann schlug der Mann, der auch schon Esther Bescheid gegeben hatte, die Plane hoch und leuchtete mit einer Taschenlampe in die dunkle Ladefläche. Geblendet hielten die Jungen sich die Hände vor die Gesichter.

»Pardon«, sagte der Mann auf Spanisch und hielt die Lichtkegel der Lampe so, dass er Manuel und Rolf nicht mehr in die Augen strahlte. »Wir sind da. Ihr müsst aussteigen.«

»Was hat er gesagt?«, fragte Rolf.

»Wir sind da und sollen aussteigen«, übersetzte Manuel.

»Länger hätte ich das Geholper hier hinten sowieso nicht mehr ausgehalten.« Rolf stand mit seiner Tasche und Adi im Arm von der Kiste auf und ging auf den Mann mit der Taschenlampe zu. Der Spanier reichte ihm die Hand, um Rolf beim Herunterspringen zu helfen. Manuel griff nach seinem Beutel und folgte Rolf, ohne auf die Hilfe des Fahrers zu warten.

Als die Jungen auf der Straße standen, verabschiedete sich der Mann wortlos von ihnen, stieg in den Laster und fuhr davon. Rolf und Manuel sahen sich um. Sie waren in einer kleinen Ortschaft gelandet, auf deren Straßen so spät am Abend niemand zu sehen war. Rolf schätzte, dass es mittlerweile bereits kurz vor Mitternacht sein musste. Auf der gegenüberliegenden Straßenseite lag ein flaches Gebäude. Hinter einem der Fenster war die Flamme einer Kerze zu erkennen. Es war das einzige Licht in der Straße, alle anderen Häuser lagen im Dunkeln.

»Ob es das ist?«, fragte Rolf.

»Ich denke«, erwiderte Manuel.

»Sollen wir?«

»Warte.«

»Worauf?«

»Weiß nicht.«

»Hast du Angst?«

»Hab lange nicht gesehen sie.«

»Dann lass nicht noch mehr Zeit vergehen.«

Rolf griff nach Manuels Ärmel und zog ihn über die Straße auf das Gebäude zu. Als sie näher kamen, erkannten sie, in was für einem erbärmlichen Zustand sich das Gefängnis befand. Von den Mauern blätterte die Farbe ab und in den Fenstern waren nur Gitter, aber keine Scheiben. Neben einer grob gezimmerten Holztür lag ein Müllhaufen, auf dem sich ein paar Ratten tummelten. Als Adi auf Rolfs Arm zu knurren begann, huschten die Tiere davon. Rolf schüttelte sich vor Ekel, während er versuchte, den Terrier zu beruhigen. Auch Manuel zitterte, obwohl sich Rolf fast sicher war, dass der Hirtenjunge die Ratten überhaupt nicht bemerkt hatte.

Sie hatten den Eingang schon fast erreicht, als ein Wärter plötzlich die Tür öffnete. Der Mann war etwa sechzig Jahre alt, unrasiert und trug eine Uniform, die mit Flecken übersät und schon oft geflickt worden war. Das konnte Rolf erkennen, weil aus dem Flur etwas Licht auf die Straße schien. Dann fiel die Tür hinter ihm zu und draußen war es wieder genauso dunkel wie zuvor. Der Mann sah wirklich aus wie ein *armes Schwein*, genau wie der Buchhändler gesagt hatte. Fast tat er Rolf leid, aber dann ließ ihn das gierige Funkeln in seinen Augen zurückschrecken. Rolf spürte, wie sich auch Adi auf seinem Arm verkrampfte, so wie er es schon bei den Ratten getan hatte.

Manuel begrüßte den Mann stotternd auf Spanisch. Der Wärter erwiderte den Gruß und sagte etwas, was Rolf nicht verstand.

»Was hat er gesagt?«, fragte Rolf.

»Er wissen will, ob wir Jungen mit Stein sind«, erklärte Manuel, dann wandte er sich wieder an den Wärter und antwortete: »Sí.«

Den nächsten Satz brauchte Manuel nicht zu übersetzen. Der Wärter streckte seine Hand mit der Handfläche nach oben aus. Rolf war klar, dass er zuerst den Diamanten haben wollte, bevor er Manuels Eltern freigab. Adi knurrte, und Rolf musste ihn fest an sich drücken, sonst hätte der Terrier dem Mann in die ausgestreckten Finger gebissen.

»Ich ihm Diamant geben soll«, erklärte Manuel.

»Das habe ich verstanden, kommt aber überhaupt nicht infrage. Erst müssen wir wissen, ob es deinen Eltern auch wirklich gut geht und ob sie überhaupt noch hier sind. Sag ihm, dass du sie sehen willst.«

»Ich will erst meine Eltern sehen«, sagte Manuel auf Spanisch.

»Erst der Stein«, entgegnete der Wärter.

»Erst meine Eltern«, wiederholte Manuel.

Der Mann machte einen Schritt auf den Hirtenjungen zu. Adi strampelte sich frei und sprang aus Rolfs Armen auf den Boden. Kurz jaulte er auf wegen seines verletzten Beins, dann stellte er sich zwischen den Wärter und Manuel. Der Mann wich langsam zurück Richtung Tür, ohne den Terrier dabei aus den Augen lassen. Er hatte Angst vor dem Hund, das konnte Rolf sehen, und an seiner Stelle hätte er die auch gehabt. Adi fletschte knurrend die Zähne und folgte dem Wärter mit trippelnden Schritten und gesträubtem Nackenfell. Weiter zurück konnte der Mann nicht, er stand jetzt bereits mit dem Rücken an der Tür und tastete mit einer Hand nach der Klinke. Mit der anderen griff er nach dem Revolver, den er in einem Holster an seinem Gürtel trug. Rolf wusste, dass Manuel die Bewegung auch wahrgenommen hatte. Aber der Hirtenjunge neben ihm schien wie versteinert, unfähig, sich zu rühren. Rolf wollte ihn in die Seite stoßen, doch sein Ellenbogen traf nur den Beutel, den Manuel über der Schulter trug. Durch den dünnen Stoff spürte er die schwere Waffe, die Esther ihnen gegeben hatte. Rolf griff in den Beutel und zog die Pistole heraus. Mit zitternden Händen hielt er den Lauf auf den Wärter gerichtet. Der Mann hob beschwichtigend beide Arme und redete beruhigend auf Rolf ein.

»Sag ihm, du willst erst deine Eltern sehen.« Mit seinem Zeigefinger schob Rolf den Sicherungshebel zur Seite. »Und sag ihm auch, dass wir uns an unsere Abmachung halten. Er soll nur keinen Mist machen.«

Manuel übersetzte, aber der Wärter ignorierte den Hirtenjungen und redete weiter auf Rolf ein. Er hatte einen seiner Arme wieder heruntergenommen und schob seine rechte Hand langsam, aber stetig auf den Revolver an seinem Gürtel zu.

Seine Fingerspitzen hatten den Griff der Waffe fast erreicht, als plötzlich ein Schuss ertönte. Rolf konnte später nicht mehr sagen, ob er abgedrückt oder ob sich der Schuss versehentlich gelöst hatte. Die Kugel schlug knapp neben der rechten Schulter des Wärters in der Hauswand ein. Kalk und Ziegelsplitter puderten die Uniform und die Haare des Mannes mit einer weißen Staubschicht. Rolf war von dem Rückstoß der Pistole nach hinten geschleudert worden und hatte sich nur mit Mühe auf den Beinen halten können. Auch Manuel und Adi waren zusammengezuckt. Der Hirtenjunge schaute erschrocken zu Rolf, der verlegen die Schultern hob, als wollte er sich für den Knall entschuldigen.

Der Wärter, der sich bei dem Schuss auf den Boden geworfen hatte, stand wieder auf und öffnete die Tür einen Spalt weit. Dahinter wartete jemand, mit dem er eine Weile flüsterte. Die Jungen verstanden nicht, worüber die Männer sprachen, aber Rolf hatte wieder die Pistole hochgenommen und richtete sie erneut auf den Wärter. Das Zittern in seinen Händen war verschwunden. Als hätte der Knall die Furcht aus seinem Kopf geblasen, war Rolf ganz ruhig und zielte mit der Pistole eine Handbreit neben den Kopf des Mannes. Niemand sagte ein Wort, bis die Tür ein drittes Mal geöffnet wurde. Ein zweiter Wärter führte einen Mann und eine Frau ins Freie. Weil sie aus dem Hellen kamen, konnte das Paar nicht sehen, wer vor ihnen stand. Ihre Arme waren gefesselt und ihr Mund geknebelt, sodass sie sich kaum bewegen und sprechen konnten. Sie sahen müde, aber gesund aus, stellte Rolf erleichtert fest. Manuel starrte sie einfach nur schweigend an und auch Adi hatte aufgehört zu knurren. Er hatte sich vor Rolfs Füßen auf den Bauch gelegt und beobachtete alles still.

»Sind das deine Eltern?«, flüsterte Rolf, der den Lauf der Pistole langsam zwischen den beiden Wärtern hin und her wandern ließ.

Manuel nickte nur.

»Der Diamant! Jetzt gib ihm den Stein. Mach schon«, drängte Rolf. »Damit wir endlich hier wegkommen.«

Ohne den Blick von seinen Eltern abzuwenden, griff Manuel in seine Tasche und holte den halben Diamanten hervor. Er hatte ihn in ein Taschentuch gewickelt. Als er ihn ausgepackt hatte, reichte er den Stein an einen der Wärter weiter, der ihn misstrauisch in die Höhe hielt. Sein Kollege zündete ein Streichholz an, damit sie den Diamanten im Licht des Feuerscheins prüfen konnten, obwohl Rolf stark bezweifelte, dass die beiden in der Lage waren, einen echten Diamanten von einem Glassplitter unterscheiden zu können. Die Wärter brauchten vier Streichhölzer, dann erst schienen sie mit dem Ergebnis ihrer Prüfung zufrieden zu sein. Der Mann, der den Diamanten in der Hand hielt, nickte und gab seinem Kollegen ein Zeichen, die Gefangenen zu übergeben. Der Wärter schubste Manuels Eltern zu den Jungen hinüber. Ohne Rolf und seine Pistole aus den Augen zu lassen, öffneten die Männer die Tür hinter ihrem Rücken und verschwanden in der Gefängnisbarracke.

Rolf steckte die Waffe weg und löste die Fesseln und den Knebel von Manuels Vater, während Manuel seine Mutter von ihren Stricken befreite.

»Wer seid ihr?«, fragte Manuels Vater, als er wieder sprechen konnte.

»Und wer schickt euch?« Manuels Mutter musste ihre

Augen zusammenkneifen, um die Jungen in der Dunkelheit erkennen zu können.

»Mamá! Papá!« Manuel weinte, während er sprach, das konnte Rolf am Klang der Stimme seines Freundes hören.

»Manuel!«, schrie seine Mutter und stürzte auf ihn zu, um ihren Sohn in die Arme zu nehmen.

Sein Vater sagte kein Wort, aber als er seinen Sohn und seine Frau erreichte, warf er sie beide vor lauter Freude einfach um. Die drei bildeten ein Knäuel aus Armen und Beinen, das aussah, als wäre es nie wieder zu entwirren. Rolf nahm Adi auf den Arm und ging ein paar Schritte zur Seite, um die Wiedersehensfreude nicht zu stören. Er spürte einen Stich in seiner Brust. Er dachte an seinen Vater und seine Mutter. Aber es war kein Neid dabei. Er gönnte es Manuel, dass seine Eltern noch lebten und er sie endlich gefunden hatte.

»Wir sehen sie auch bald wieder, wirst schon sehen.« Rolf streichelte über das Fell des Terriers, der Rolf mit seiner rauen Zunge übers Gesicht leckte.

Es dauerte, bevor es Manuel gelang, sich aus den Umarmungen seiner Eltern zu lösen. Er stand auf, nahm Rolf an der Hand und führte ihn zu seiner Mutter und seinem Vater.

»Das ist Rolf. Er hat mich den ganzen Weg begleitet. Ohne ihn hätte ich es nicht zu euch geschafft. Sein Vater ist verhaftet worden. Aber seine Mutter wartet in New York auf ihn. Wir müssen ihm helfen!«, erklärte er seinen Eltern.

»Natürlich werden wir ihm helfen«, erwiderte sein Vater und schüttelte Rolf feierlich die Hand.

»Wir sorgen dafür, dass er sicher nach Lissabon kommt.« Manuels Mutter strubbelte Rolf liebevoll über die Haare, genau wie es Ludwig oft getan hatte.

»Was ist los? Worüber redet ihr?« Rolf hatte kein Wort verstanden, weil Manuel mit seinen Eltern Spanisch gesprochen hatte.

»Ich ihnen erklärt, was für Klotz am Arm du warst auf Weg«, erklärte Manuel und lachte.

»*Klotz am Bein*, nicht *am Arm*. Und wenn, dann war das ja wohl umgekehrt«, widersprach Rolf.

»Ich ihnen gesagt, wer bist du und wo du willst hin«, sagte Manuel immer noch lachend.

»Wo will ich denn hin?«, fragte Rolf.

»Na, zu deiner Mutter. Eltern sorgen, dass du Schiff in Lissabon kriegst. Alles gut!«, sagte Manuel.

»Und was ist mit meinem Vater?«, wollte Rolf wissen.

»Fast gut alles.«

»Gar nichts ist gut, überhaupt nichts gut«, sagte Rolf leise. »Ich bin schuld, dass mein Vater verhaftet wurde! Hätte ich Adi nicht mitgenommen, hätten die uns doch nie entdeckt. Und jetzt …« Rolf konnte nicht weitersprechen.

»Du nicht schuld«, sagte Manuel ernst. »Schuld Hitler und die, die euch aus Land getrieben. Und die Krieg angefangen und Menschen einsperren … und töten. Die schuld, nicht du.«

Rolf antwortete nicht, sondern starrte auf Adis Fell.

»Aber du in Spanien jetzt und du hast Visa und Ticket für Schiff, oder?«

Rolf griff in seine Tasche und holte die Papiere heraus,

die sein Vater ihm gegeben hatte. Damals am Hang hinter dem Busch, kurz bevor ihn die deutschen Soldaten verhaftet hatten.

»Meine Eltern kennen Leute, die helfen. Bald du auf Schiff und in New York.«

»Aber jetzt wird erst mal gefeiert«, mischte sich Manuels Vater ein.

»Was sagt er?«, fragte Rolf.

»Er möchte feiern unser Wiedersehen!«, übersetzte Manuel.

»Armer Junge, mach dir keine Sorgen.« Manuels Mutter nahm Rolf in den Arm.

Rolf schaute fragend zu Manuel hinüber.

»Du nicht sollst Sorgen dir machen. Alles … fast alles gut wird.«

Die Feier

Die Wiedersehensfeier fand in einem alten Bauernhaus außerhalb der kleinen Ortschaft statt, in der man Manuels Eltern gefangen gehalten hatte. Auf dem Weg hatte Manuels Mutter ihren Sohn so fest an sich gedrückt, als wollte sie ihn niemals wieder loslassen. Manuels Vater hatte seinen Arm um Rolfs Schulter gelegt. Rolf hatte die Berührung gefallen, weil sie kameradschaftlich gemeint war und nicht die Umarmung von Vater und Sohn nachahmen wollte.

Obwohl es schon spät war, kamen von überall her Männer und Frauen in das Haus. Sie klopften Manuel und seinem Vater auf den Rücken und umarmten seine Mutter herzlich. Rolf verstand nicht, wie sich die Nachricht so schnell hatte herumsprechen können. Er verstand auch nicht, was die Leute sagten, weil sie nur Spanisch miteinander sprachen.

Rolf hatte es sich mit Adi auf einer Holzbank etwas abseits bequem gemacht und beobachtete das Kommen und Gehen. Ein paar Musiker hatten Gitarren und ein Akkordeon mitgebracht und spielten darauf. Als die ersten Töne erklangen, begannen Männer und Frauen zu tanzen. Auch Manuel und seine Mutter bewegten sich ausgelassen zur Musik. Als der Hirtenjunge an Rolf vorbeitanzte, machte er sich von seiner Mutter los und ließ sich neben Rolf auf die Bank fallen.

»Ordnung alles?«, wollte Manuel wissen.

»Klar.« Rolf nickte und zog Adi auf seinen Schoß.

»Sie mir erklärt haben, warum ich sollte glauben, sie tot. Um zu schützen mich. So sicherer für mich«, erklärte Manuel.

»Das hätte ich dir auch sagen können. Und das hat Esther dir auch schon erklärt«, erwiderte Rolf. »Und jetzt? Ist es jetzt nicht mehr gefährlich für dich?«

»Schon«, sagte Manuel. »Aber sie glauben, ich jetzt alt genug. Da verplappere ich mich so leicht nicht mehr. Immerhin wir beide haben geschlagen die halben Pyrenäen.«

»Wir haben die Pyrenäen nicht geschlagen. Wir haben uns da durchgeschlagen.«

»Egal, Hauptsache wir hier.«

»Das heißt, du kannst bei ihnen bleiben?«

»Für paar Wochen, dann ich zurück zu Tante und Onkel. Aber ich sie werde sehen regelmäßig. Sie versprochen. Und vielleicht, vielleicht dein Vater kommt doch frei und dann er fährt zu euch. Nach New York.«

Rolf sah Manuel an, der sich bemühte, dem Blick seines Freundes standzuhalten. Sie wussten beide, dass das nicht geschehen würde.

»Aber ich habe Überraschung«, wechselte Manuel das Thema.

»Was denn für eine?«, wollte Rolf wissen.

»Ich dich begleite nach Lissabon. Meine Eltern dort erledigen müssen Dinge und ich mitdarf.«

»Echt?«

»Lissabon große Stadt. Wir uns zusammen Lichter ansehen. Ganze Nacht.«

»Das wird schön.«

»Kapital schön, aber vorher, du musst erzählen mir, wie Buch ausgeht. Geht gut aus, oder?«

Rolf griff in seinen Beutel und holt den *35. Mai* heraus. Er ließ die Seiten durch seine Finger gleiten.

»Klar doch, ist schließlich ein Buch. In Büchern gehen die Geschichten immer gut aus.«

»Aber wie?«

»Na ja, am Ende verliebt sich das Pferd mit den Rollschuhen in der Südsee in ein anderes Pferd und dann muss der Junge mit seinem Onkel auch schon wieder nach Hause. Der muss ja seinen Aufsatz noch schreiben und er will ja auch zurück zu seinen Eltern.«

»Mit Schiff?«

»Nein, wieder durch den Schrank, der steht nämlich auf einmal mitten vor ihnen im Dschungel zwischen den Bäumen.«

»Buch verrückt.« Manuel lachte.

»Schon, aber auch kapital schön, weil es am Ende ja gut ausgeht.« Rolf hielt das Buch Manuel hin. »Für dich.«

»Mich?«

»Ich schenke es dir.«

»Aber ich nicht kann lesen!«

»Dann musst du es eben lernen.« Rolf grinste.

»Aber Buch deins. Autor dir geschenkt.«

»Und ich schenke es dir, ich kenne den Text doch sowieso schon so gut wie auswendig. Außerdem ist da noch die Zeichnung von mir und Adi drin, als Erinnerung.«

Manuel schlug das Buch auf und entfaltete die Karikatur, die Anna in der Bar von Rolf und seinem Hund gemalt hatte.

»Ich werde lernen zu lesen«, versprach er feierlich.

Seine Mutter zog Manuel und Rolf von der Bank hoch und führte sie zu den anderen Tänzern. Zuerst zierte sich Rolf, dann aber griffen Manuels Eltern nach seinen Händen und begannen, sich mit ihm und Manuel immer schneller und schneller zur Musik zu drehen. Adi sprang von der Bank und umrundete sie trotz seiner Wunde freudig kläffend, und für einen kurzen Augenblick vergaß Rolf sogar seinen Vater und New York, wo seine Mutter schon viel zu lange auf ihn wartete.

Manuel begleitete Rolf bis nach Portugal. Manchmal nahmen sie den Zug, manchmal fuhren sie mit dem Auto.
In Lissabon ging Rolf mit Adi an Bord eines Schiffes, das ihn nach New York brachte. Rolf und Manuel winkten, bis keiner den anderen mehr sehen konnte.
Rolf erreichte sicher den Hafen von New York, wo seine Mutter auf ihn wartete.

Nach dem Krieg kehrten sie nach Berlin zurück. Seinen Vater hat Rolf nie wiedergesehen.
Manuel hat ihn später besucht. Doch Berlin sah anders aus als vor dem Krieg.
Vieles lag in Trümmern und Lichter gab es nachts auch nicht mehr so viele.
Die Jungen blieben Freunde. Auch noch, als sie alte Männer waren. Wenn sie sich treffen, fragt Rolf oft: »War es meine Schuld?«
Und Manuel wiederholt, was er damals schon gesagt hatte: »Schuld sind immer die Mörder.«

Danke

»Die Nächsten waren ein ziemlich junges Paar mit einer zwölfjährigen Tochter, zuversichtlich und froh, aus der Falle zu entkommen. […] Auch dem Mädchen ist der Weg nicht schwergefallen, sie war sehr stolz auf die roten, mit goldenen Blumen bestickten Espadrilles, die sie für die Besteigung der Pyrenäen bekommen hat. Wieder ein paar Leute in Sicherheit«[1], schreibt Lisa Fittko in ihrer Biografie »Mein Weg über die Pyrenäen«. Während des 2. Weltkriegs hatte sie deutsche und österreichische Flüchtlinge von Banyuls-sur-Mer über die Pyrenäen auf die spanische Seite geführt. Als ich die Stelle über das Mädchen und ihre bestickten Espadrilles las, war mir sofort klar, dass ich ein Buch über die Kinder der Emigranten schreiben wollte. Dafür bin ich in die Pyrenäen gereist und über die gleichen Pfade gelaufen wie die Flüchtlinge 1941. Darunter

1 Lisa Fittko: »Mein Weg über die Pyrenäen. Erinnerungen 1940/1941«. TB, Seite: 177

Menschen wie Heinrich und Golo Mann, Franz Werfel und seine Frau Alma Mahler-Werfel, Lion Feuchtwanger, Alfred Polgar, Walter Benjamin und viele, viele andere. Für sie ging es um Leben und Tod. Ich war nur als Tourist unterwegs. Bewegend war es trotzdem, an denselben Orten zu stehen, an denen sie rund 70 Jahre zuvor gestanden hatten.

Wieder zurück in Deutschland schrieb ich erst ein Drehbuch und dann den Roman. Dass beides möglich war, dafür möchte ich mich bei einigen Menschen und Institutionen bedanken: dem Kuratorium Junger Deutscher Film, das das Drehbuch zu »Der Pfad« gefördert hat, dem Kulturministerium NRW für die Bewilligung eines Arbeitsstipendiums, Yves, dem Wirt des Hotels La Dorade in Cerbère, der mir am Fuß der Pyrenäen mit Rat und Tat zur Seite stand und mich außerdem wunderbar bekocht hat, der Kollegin Sabine Lipan, die für das Buch einen wichtigen und eigentlich ganz naheliegenden Comic-Tipp hatte, meinem Freund und Haus-und-Hof-Illustrator Heribert Schulmeyer, der die Bilder anschließend gezeichnet hat, meinem Kollegen Mario Giordano für den ebenso einfachen wie wahren Satz »Schuld sind immer die Mörder«, meiner Lektorin Anette Weiß, dem cbj-Verlag und seinem ehemaligen Verleger Jürgen Weidenbach, der sich an einem sehr langen Abend bei einem Münchner Italiener die Romanrechte gesichert hat, meiner Frau und meinen Kindern für ihre Unterstützung und all den vielen Menschen, die von Anfang an gemeinsam mit mir an diese Geschichte geglaubt haben.

Reiner Engelmann

Der Fotograf von Auschwitz – Das Leben des Wilhelm Brasse

192 Seiten, ISBN 978-3-570-31236-0

Warum? Mit diesem Wort beginnen seit Wilhelm Brasses Ankunft in Auschwitz alle Fragen. Warum dieses unfassbare Leid? Warum greift niemand ein? Als Häftling Nr. 3444 zum Erkennungsdienst abkommandiert, soll er die anderen KZ-Insassen fotografieren. Menschen, denen die Todesangst ins Gesicht geschrieben steht. Menschen, die kurze Zeit später in den Gaskammern verschwinden. Als Brasse 1945 alle Fotos verbrennen soll, widersetzt er sich, um Zeugnis abzulegen von den unfassbaren Verbrechen gegen die Menschlichkeit.

30373

Katrina Nannestad

Wir sind Wölfe

352 Seiten, ISBN 978-3-570-17967-3

Liesl hat ihrer Mama versprochen, auf Otto und Mia aufzupassen. Sie ist die Älteste, sie hat die Verantwortung. Um nicht der Roten Armee in die Hände zu fallen, schlagen sich die drei Geschwister im bitterkalten Winter alleine durch die Wälder und Sümpfe Ostpreußens, immer auf der Suche nach Nahrung und einem Unterschlupf für eine Nacht. Als sie eines Tages auf drei verwahrloste Jungen stoßen, die ihnen vom Kriegsende und dem Tod Hitlers erzählen, sind es auch diese drei, die Liesl die Augen öffnen: »Ihr seid wild, Wölfe wie wir.« Und Liesl muss den Jungen recht geben. In einer Welt, in der Kinder auf sich allein gestellt auf der Flucht sind, müssen sie zu Wölfen werden, um zu überleben. Wölfe lassen sich nicht erwischen. Wölfe geben aber auch nicht auf. Und manchmal geschieht ein Wunder.

10454

www.cbj-verlag.de